传媒集刊

China Computer-Mediated Communication Studies

第 14 辑

中国网络传播研究

数字媒介与经济

夏倩芳◎主编

中国传媒大学出版社
·北京·

目　录

CONTENTS

专题研究:数字媒介与经济

理论前沿

实践观察

学术综述

专题研究：数字媒介与经济

虚拟品牌社群中社会临场感对品牌忠诚的影响*

——以价值共创意愿为中介作用

The Effect of Social Presence on Brand Loyalty In Virtual Brand Community Mediated by Value Co-creation Willingness

◎ 黄玉波 张惠琴**

Huang Yubo Zhang Huiqin

摘要:虚拟品牌社群是提高品牌影响力的重要途径之一,本研究探讨该情境下社会临场感对品牌忠诚的作用机制。研究发现,价值共创意愿、意识社会临场感、情感社会临场感和认知社会临场感都会对品牌忠诚直接产生正向影响,也可通过价值共创意愿间接作用于品牌忠诚,间接效应大于直接效应,但作用效应不同,其中价值共创意愿在意识社会临场感与品牌忠诚的部分中介效应最高。最后,本研究对虚拟品牌社群的理论与实践进行了相关讨论并提出建议。

Abstract: Virtual brand community is one of the important ways to enhance brand influence. This study explores the mechanism of social presence on brand loyalty. It is found that value co-creation willingness, consciousness of social presence, social emotion telepresence and cognitive social presence have direct and positive effects on brand loyalty. They also indirectly affect brand loyalty through value co-creation willingness and the indirect effect is greater than the direct effect, but the degree of effects are different. The value co-creation willingness has the highest mediating effect in part of consciousness of social presence and brand loyalty. Finally, this research makes the related discussion

---

* 本文系国家社科基金一般项目"智能时代广告导向监管与主流价值观建设研究"(编号:20BXW122)的研究成果。

** 黄玉波,深圳大学传播学院教授、博士,主要研究领域为广告传播。张惠琴,深圳大学传播学院研究生。

and the suggestion about virtual brand community's theory and practice.

关键词:虚拟品牌社群,社会临场感,品牌忠诚,价值共创意愿

Keywords: virtual brand community, social presence, brand loyalty, value co-creation willingness

一、研究问题

中国社会科学院专家于2019年12月25日发布了《中国品牌影响力研究报告(2019)》,从知名度和美誉度两个维度评价了品牌影响力。经观察发现,报告中民企品牌影响力十强拥有了相对成熟的虚拟品牌社区,其中互联网企业以虚拟社区作为核心基础,如腾讯、阿里巴巴、苏宁易购、百度和美团;实体产业也创建了虚拟品牌社区,如华为的花粉俱乐部、小米的米粉会、比亚迪的车友会、美的的开放式创新平台、中国民生银行在我爱卡网站上的专属讨论区。以华为的花粉俱乐部为例,2亿华为用户能在线与品牌进行互动。显然,虚拟品牌社群成为企业构建品牌影响力的重要途径之一。

品牌社群的概念由艾伯特·M. 穆尼兹,Jr.和托马斯·C.奥吉恩(Albert M. Muniz, Jr. and Thomas C. O'Guinn,2001)首次提出,它是建立在品牌崇拜者之间的结构化系列的社会关系之上的一个专用的、没有地域限制的社群。而虚拟品牌社群则在此基础上增加了网络语境,其匿名性、跨时空性、信息流、虚拟在场等特点会注入新思潮(金立印,2007)。品牌爱好者在社群中的发声,容易引起其他社群成员的反应。而这些互动既能为企业提供信息价值,也创造了成员之间对娱乐价值和社交价值的追求,这样的共创行为让社群成员沉浸其中,提高了他们的品牌忠诚度。因此,为了探索和验证虚拟品牌社群中社会临场感、价值共创意愿、品牌忠诚的内在作用机制,助力企业品牌影响力的提升,本研究提出以下问题:

1.在虚拟品牌社群中,社会临场感是否会影响用户的品牌忠诚?其具体的作用路径是怎样的?

2.在虚拟品牌社群中,价值共创意愿是否在社会临场感与品牌忠诚之间起到中介作用?

二、文献综述

(一)虚拟品牌社群

随着互联网的发展,企业在虚拟网络空间中创建并持续运营自己的微信公众号、微博、贴吧门户、社区网站以及开发专门的 App,这些都致力于将品牌的爱好者聚集在一起,建立社交关系,形成一个虚拟品牌社群(virtual brand community),以达到品牌构建、客户关系管理、引发客户共创行为等目的。该类现象自 2004 年至今持续引发学者关注,研究热度上涨,但研究数量不多,且主要采用实证研究的方式。

一方面,部分学者对虚拟品牌社群的研究主要围绕消费者互动、参与、价值共创、社区认同、满意度、购买意愿等因素展开。例如,王永贵和马双(2013)通过实证研究发现:实用需求与享乐需求驱动互动行为,而互动行为在社群认同的调节作用下影响满意度。另一方面,部分学者着重关注虚拟品牌社群中成员与品牌的关系,如认同、依恋、忠诚、推崇等,沙振权等人(2010)则运用 TAM 理论模型进行实证研究,指出了社区体验与品牌认同的作用路径。然而,现有的文献没有统一采用的虚拟品牌社群概念,鉴于本研究主题,我们定义虚拟品牌社群的概念为:以网络平台为媒介,由企业组织或创建的将关注和喜爱同一品牌的群体聚集起来的社群,它具有匿名性、互动性、跨时空性等特点。

(二)社会临场感

社会临场感是临场感的重要组成部分,从 1976 年出现至今已发展出一系列相应的传播学理论,但国内研究相对于国外研究起步晚,研究数量也较少。肖特(Short,1976)等人认为在利用媒体进行沟通时,社区参与者会产生对自我作为人的真实感和与他人联系的感知,即社会临场感,又称为社会呈现,这种感知程度会因媒体不同而不同。经过国内外一些研究者的持续专研,社会临场感根据不同的使用场景具有了不同的划分维度,比奥卡(Biocca,2006)等人针对虚拟现实的使用场景,将社会临场感划分为共在感、卷入度、行为契合度。

沈凯宁和哈利法(Shen and Khalifa,2008)将比奥卡等人(2001)最初的概念与在线社区的特点结合,提出意识社会临场感、认知社会临场感和情感社会临场感的概念。因此,本研究将这三个维度定义为:意识社会临场感是指虚拟品牌社群成员对其他成员的存在和刺激的感知;情感社会临场感是指虚拟品牌社群成员对社会交往所引起的情感的感知;认知社会临场感是指虚拟品牌社群成员对社群关系和社群语境的感知,这种感知程度源于自身认知与记忆的不同导致的不同理解。

此外,关于社会临场感的研究大多集中在教育领域,少数聚焦于商业应用。在教育领域的相关研究中,多数学者挖掘影响社会临场感的相关因素,并探讨了社会临场感对持续学习意愿、学习效果、满意度的影响。例如,史慧姗和郑燕林(2016)基于文献分析发现,MOOC社会性互动能增强学习者的社会临场感,提高学习效果。而在商业应用领域,社会临场感与消费者信任、持续使用意愿、购买意愿以及其他影响因素之间建立联系,尤其是国内研究多结合当下的互联网环境进行探讨。例如,赵宏霞等人(2015)研究发现,在B2C的网络购物环境中,消费者之间的沟通能增强消费者的社会临场感,从而增加其对B2C网店诚信性和善意性的信任。

(三)品牌忠诚

19世纪60年代初期,“品牌忠诚”一词已经进入市场研究的视野,但无一致认同的定义。现有的定义主要分为两种:行为上的稳定购买和态度上的品牌偏好。再而出现新观点:认知上的学习结果,即因多次规避风险而对品牌产生更多的关注。如杰格迪什·N. 谢斯和M. 文卡特桑(Jagdish N. Sheth and M. Venkatesan,1968)通过实验研究指出:随着时间的推移,风险降低过程的信息寻求和购前考虑减少,用户重复选择购买同一品牌发胶的次数增加。因此,品牌忠诚是一个综合认知、态度、行为的多维度概念,也相应地发展了多种对消费者品牌忠诚度的测量(丁夏齐、马谋超、王詠、樊春雷,2004)。在本研究中,品牌忠诚即指虚拟品牌社区中社群成员对虚拟品牌社区在认知、行为和态度上持续的品牌偏好。

当前对于品牌忠诚的研究主要围绕消费者和企业进行。从消费者层面出发,多数学者深耕品牌信任、品牌体验、满意度、感知质量、社群认同等因素与品牌忠诚的关系,多采用实证研究的方式。部分学者还会结合一些新语境进行具体研究。例如,贺爱忠和龚婉琛(2011)通过问卷调查发现购物网站中顾客体验对品牌忠诚有正向影响。从企业层面出发,品牌忠诚与品牌形象构建、品牌价值评估、品牌竞争力分析、品牌管理策略等密切相关,成为多数学者分析的关键对象。例如,范秀成和冷岩(2000)认为品牌价值的增益依赖于品牌忠诚,创建了品牌价值评估的忠诚因子法(范秀成,冷岩,2000)。

(四)价值共创意愿

数字时代的出现使得消费者的身份发生了变化,消费者已不只是信息的单向接收者,还可以作为生产者和传播者参与到信息的传播链中。价值共创作为新的价值创造方式已开始融入数字时代。然而目前关于价值共创的研究较少,且尚在成长期,对价值共创仍无统一的概念。体验视角认为,价值共创是指消费者与企业共同创造价值,而服务逻辑视角则强调消费者是一种操作性资源。但其本质相同,核心维度都包括互动、融入、授权等(朱良杰、何佳讯、黄海洋,2017)。

目前,多数学者结合不同的概念和维度以及研究的语境提出价值共创意愿。例如,朱良杰等人(2018)根据 YI 等人的划分维度提出价值共创意愿是指消费者以企业公民化的状态参与品牌价值创造行为与形成共创关系的意愿。而本研究鉴于研究语境,将采用孟楠楠(2018)研究虚拟品牌社区参与者互动行为的定义,即在虚拟品牌社区中,顾客愿意运用操作性资源与企业互动从而实现价值创造的主观可能性。

(五)文献综述小结

综上,从研究内容上看,对品牌忠诚的相关研究较为成熟,然而关于社会临场感和虚拟品牌社群的研究较少,关于价值共创意愿的研究更为稀缺。而且社会临场感研究多应用于教育领域,在商业领域中的应用仍然不足。同时,对虚拟品牌社群的研究极少探讨社会临场感与品牌的关系,更尚未明确社会临场感对品牌忠诚的作用机制。从研究方法上看,以上研究多运用实证研究法,许多学者根据不同的研究使用场景对品牌忠诚、社会临场感和价值共创意愿这三者做出界定,并提供了较为完善的维度和量表,为本研究的概念界定与研究设计提供了详细的参考与借鉴。

因此,本研究将采用实证研究的方式,主要研究虚拟品牌社群中社会临场感对品牌忠诚的影响,有以下创新与意义:(1)本研究将丰富现有的虚拟品牌社群中成员与品牌关系的研究,拓宽社会临场感研究的应用范畴;(2)本研究探讨虚拟社群中社会临场感对品牌忠诚的作用机制,并挖掘价值共创意愿的中介作用,为后续研究提供理论依据;(3)本研究结果可以作为理论依据有效指导企业开展虚拟品牌社群的实践活动,从而提高企业的品牌影响力。

三、研究假设

(一)社会临场感与品牌忠诚

基于社会影响理论,当一个人感受到的他人的数量越多时,他所受到的影响就越大。在虚拟品牌社区中,成员可以看到其他成员和企业方的动态和评论,这就意味着他会受到整个因追随该品牌而构建的社群的影响,因而社群对品牌的偏好会加深个体成员对品牌的偏好,进而提高品牌忠诚度。此外,在一些网络语境中,部分学者将社会临场感划分为不同维度,并验证了社会临场感与品牌忠诚之间的关系。李雪欣等人(2019)认为,平台经济下社会临场感的沟通维度和温情维度能有效影响顾客忠诚。吕洪兵(2012)研究网络购物现象,发现社会临场感的三个维度:意识社会临场感、情感社会临场感和认知社会临场感能通过功利价值、信任和享乐价值等中介变量间接影响顾客对网店的黏性倾向。结合虚拟品牌社区的语境,田赛(2017)指出这些维度能间接影响社区内成员对品牌关系的承诺。综合营销理论,这种品牌关系的承诺和黏性倾向是品牌忠诚的表现。因而,综合上述的研究成果,本研究采用意识社会临场感、情感社会临场感和认知社会临场感作为社会临场感的三个维度,提出以下假设:

H1:在虚拟品牌社群中,社会临场感与品牌忠诚正相关。

H1a:在虚拟品牌社群中,意识社会临场感与品牌忠诚正相关。

H1b:在虚拟品牌社群中,情感社会临场感与品牌忠诚正相关。

H1c:在虚拟品牌社群中,认知社会临场感与品牌忠诚正相关。

(二)社会临场感与价值共创意愿

从社会互动理论来说,社会互动必须发生在两个或两个以上个体之间,意味着社会互动中的个体成员能至少感知到另一个成员作为"社会人"的存在,也就代表着存在社会临场感。牛振邦等人(2015)通过访谈和问卷研究得出顾客与企业员工、顾客与顾客之间的交互可以正向提高价值共创意愿。综上,本研究提出以下假设:

H2:在虚拟品牌社群中,社会临场感与价值共创意愿正相关。

H2a:在虚拟品牌社群中,意识社会临场感与价值共创意愿正相关。

H2b:在虚拟品牌社群中,情感社会临场感与价值共创意愿正相关。

H2c:在虚拟品牌社群中,认知社会临场感与价值共创意愿正相关。

(三)价值共创意愿与品牌忠诚

基于心理学相关理论,意愿会驱动行为发生,即价值共创意愿会驱动价值共创行为。现已有一些学者证明了价值共创与品牌态度的关系。李朝辉(2014)采用结构方程模型的方法,实证得出在虚拟品牌社群环境下顾客参与价值共创能有效地提升顾客对品牌的体验,并且通过品牌体验可以进一步正向影响品牌关系。魏晓宇(2019)针对旅游虚拟社区的研究发现,价值共创行为对品牌信任有积极影响。哈桑德迪普·考尔(Harsandaldeep Kaur,2020)等人发现,社群认同和奖励能通过消费者的品牌参与提高品牌忠诚度。结合营销相关理论可知,品牌信任会有效增加品牌忠诚度。综上,本研究提出以下假设:

H3:在虚拟品牌社群中,价值共创意愿与品牌忠诚正相关。

(四)价值共创意愿的中介作用

根据"S—O—R"理论,虚拟品牌社群中的社会临场感代表社群成员在不同的感知层面上受到来自该虚拟品牌社群的刺激,引起价值共创意愿的改变,围绕这些刺激而产生的"点评转"行为则是此意愿的具体表现。这些价值共创意愿的增强使得社群成员对该品牌的归属感愈加强烈,进而影响品牌忠诚。

综合上述假设,本研究提出如下理论模型(见图1):

H4:在虚拟品牌社群中,价值共创意愿在社会临场感与品牌忠诚之间起中介作用。

H4a:在虚拟品牌社群中,价值共创意愿在意识社会临场感与品牌忠诚之间起中介作用。

H4b:在虚拟品牌社群中,价值共创意愿在情感社会临场感与品牌忠诚之间起中介作用。

H4c:在虚拟品牌社群中,价值共创意愿在认知社会临场感与品牌忠诚之间起中介作用。

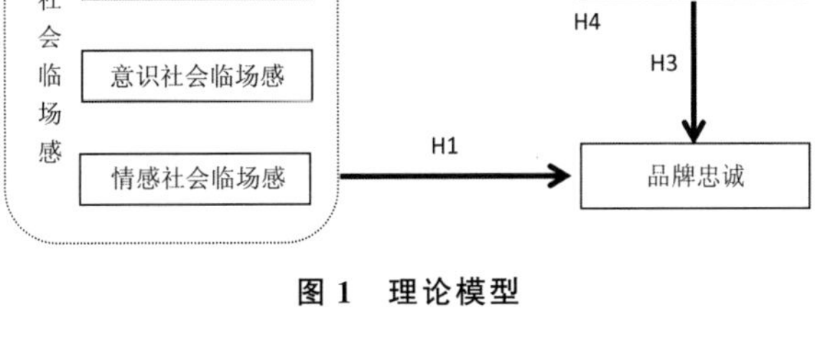

图1 理论模型

四、研究方法

(一)抽样方法

当前,虚拟品牌社群中以华为为代表的手机品牌社群用户基数庞大,且发展相对完善,企业和顾客共同参与,社群活跃度高,具有代表性。本研究选取手机行业虚拟品牌社群作为研究对象,采用网络问卷调查的方式,先选择 31 位虚拟品牌社群成员进行预调研,然后在正式调研时,问卷会设置"你是否参与过虚拟品牌社群(如花粉俱乐部、小米社区、vivo 论坛网站、果粉社区等)?"作为筛选题,在微信等社交软件和调研平台的问卷散发系统中邀请填写,以此获得符合条件的代表性样本。问卷数据会采用 SPSS2 3.0 进行分析。

(二)变量测量

本研究采用的量表选取已有的符合本研究语境的相关研究,均为李克特 5 级量表,范围从 1 到 5,"1"代表非常不同意,"5"代表非常同意。比奥卡(2001)通过问卷分析认为,意识社会临场感可通过个体感觉孤独的程度、个体关注他人的程度和个体感觉他人关注自己的程度进行测量。情感社会临场感和认知社会临场感的测量采用季丹(2016)结合国内网络情况翻译的比奥卡(2001)和沈凯宁、哈利法(2008)的量表,其 Cronbach's Alpha 值为 0.713,KMO 为 0.703;价值共创意愿采用孟楠楠(2018)综合李朝辉(2014)、伊和龚(Yi&Gong,2013)、兹瓦斯(Zwass,2010)所形成的量表,其 Cronbach's Alpha 值为 0.934,KMO 为 0.906;品牌忠诚采用哈桑德迪普·考尔等人(2020)的量表,其 Cronbach's Alpha 值为 0.873,效度值为 0.862。以上量表信效度较高,在本研究中根据手机虚拟品牌社区的情景进行调整。根据预调研结果和对一位长期参与者的访谈内容对量表进行设计和调整,本研究最终形成正式研究量表(见表 1)。此外,以往研究表明,社群成员的性别、教育水平、参与社群的经验等用户人口统计变量会对品牌忠诚有影响,也将其放入问卷中进行测量。

表 1　研究量表

概念	指标
意识社会临场感（比奥卡,2010）	A1.1 我能感知社区里其他人的存在
	A1.2 我会密切关注社区里的其他人
	A1.3 社区里其他人会密切关注我
情感社会临场感（季丹,2016）	A2.1 社区内其他人能影响我的情绪
	A2.2 我和社区内的其他人之间存在一种亲近感
	A2.3 我和社区内其他人之间的情绪相互影响
认知社会临场感（季丹,2016）	A3.1 其他人明白我在说什么
	A3.2 其他人非常清楚我的想法
	A3.3 我非常清楚其他人的想法
	A3.4 该社区中的人彼此了解观点和主张
价值共创意愿（孟楠楠,2018）	B1.1 我愿意积极回应社区中企业发起的话题,以便企业清楚地了解我的需求
	B1.2 我愿意在社区内以发帖的方式让企业了解我的需求
	B1.3 我愿意参加社区组织的企业新产品创意征集或评价活动
	B1.4 我愿意参加社区组织的企业新产品设计征集或评价活动
	B1.5 我愿意参加社区组织的企业新产品评测活动
	B1.6 我愿意参加社区组织的企业新产品体验或推广活动
	B1.7 我愿意在社区内反馈我的产品体验、使用疑问和改进建议等
品牌忠诚（哈桑迪普·考尔等,2020）	C1.1 我倾向于继续追随该品牌社区
	C1.2 下次我去浏览一个在线品牌社区时,我会去该品牌社区
	C1.3 我会乐意花更多的时间在该品牌社区
	C1.4 我倾向于在不久的将来减少该品牌社区的使用
	C1.5 我对该品牌社区有强烈的偏好
	C1.6 我会尝试该品牌相关的新社区

五、数据分析

(一)描述性统计分析

本研究中,问卷收集持续半个月时间。共计投放问卷509份,有效问卷311份,有效回收率为61.1%。根据2020年中国互联网络信息中心(CNNIC)发布的第45次《中国互联网络发展状况统计报告》,我国男女网民比例为51.9∶48.1。在本研究中,参与过手机品牌虚拟社群的男性占比为45.3%,女性占比为54.7%,样本相对均衡;大学生为主要参与者,占比为82.3%;55.6%的群体参与累计时间超过1个月;62.1%的群体参与频率在每月3次以上;77.8%的群体参与过国产手机品牌社群(见表2)。总体来说,参与者呈现出教育水平较高、持续参与时间长、关注度高且多参与国产手机品牌社群的特征。

表2 调查样本的人口统计特征

项目	选项	人数
性别	男	141
	女	170
教育程度	高中及以下	22
	大学	256
	硕士及以上	33
累计时间	少于一周	138
	少于一个月	66
	少于一年	48
	一年以上	59
参与频率	每天都看	32
	每周三次	69
	每月三次	92
	每年三次	118
参与的手机品牌	华为	144
	小米	53
	vivo 或 OPPO	45
	苹果	56
	其他	13

(二)量表检验

1.检验共同方法偏差

由于问卷测量存在的题目特征、内容偏差和评分者的自身原因以及测量环境的相近性,预测变量和校标变量之间存在人为的共变即共同方法偏差。邓稳根等人(2018)研究发现,共同方法偏差的临界值无指定标准,大多数文献以40%为临界值,也有部分研究(2018)引用了J.F.海尔等(1998)的研究,以50%为临界标准。本研究采用Harman单因素检验法,得出5个特征值大于1的成分,且第一个成分解释方差百分比为39.733%,小于40%,可以认为它不存在严重的共同方法偏差。

2.信度和效度检验

通过可靠性分析和因子分析,本研究以Cronbach's Alpha值和KMO及Bartlett球形检验分别检验量表各变量的信度和效度。从表3可见,所有变量的Cronbach's Alpha值均大于0.7,说明量表内部一致性较强;KMO均大于0.6,且通过Bartlett球形检验,说明问卷的结构效度较好,适合因子分析。

表3 量表信效度检验

变量	Cronbach's Alpha	KMO
意识社会临场感	0.711	0.631
情感社会临场感	0.817	0.715
认知社会临场感	0.862	0.809
价值共创意愿	0.9	0.896
品牌忠诚	0.79	0.843

(三)变量相关性分析

本研究以Pearson相关系数衡量意识社会临场感、情感社会临场感、认知社会临场感、价值共创意愿、品牌忠诚之间的关系。意识社会临场感、情感社会临场感和认知社会临场感与价值共创意愿、品牌忠诚的相关系数 r 都在0.3~0.6之间,呈中等程度正相关关系;价值共创意愿与品牌忠诚的相关系数 r 为0.597,也呈中等程度正相关关系(见表4)。以上相关性分析的 p 值皆小于0.01,说明相关性显著,即H1a、H1b、H1c、H2a、H2b、H2c、H3成立。

表 4 变量相关系数

变量	Mean	SD	1	2	3	4	5
意识社会临场感	2.9314	0.82149	1				
情感社会临场感	2.9925	0.89339	0.554**	1			
认知社会临场感	3.3232	0.73813	0.420**	0.522**	1		
价值共创意愿	3.4952	0.77011	0.478**	0.431**	0.513**	1	
品牌忠诚	3.3473	0.55872	0.407**	0.376**	0.467**	0.597**	1

注:** 在 0.01 级别(双尾),相关性显著。

(四)假设检验

温忠麟和叶宝娟(2014)在总结中介效应模型和三种方法后提出用偏差校正的非参数百分位 Bootstrap 法的置信区间更精确,有更高的检验力。因此,为避免共线性问题,本研究将各个变量先做中心化处理,再通过在 SPSS2 3.0 中安装 process 插件,在控制性别、教育水平、累计时间和参与频率的条件下,实现对变量之间的关系检验,并采用 Bootstrap 的方法,样本量选择 5,000,在 95%置信区间下,检验价值共创意愿在各个社会临场感和品牌忠诚关系之间的中介作用。

1.意识社会临场感、价值共创意愿、品牌忠诚关系

从表 5 可知,在价值共创意愿与意识社会临场感、品牌忠诚与价值共创意愿和意识社会临场感、品牌忠诚与意识社会临场感这三个回归方程中,p 皆小于 0.05,说明通过显著性检验。从表 6 可以看出,在控制性别、教育水平、累计时间和参与频率的条件下,总效应为 0.2451,区间为(LLCI=0.1545 ,ULCI=0.3359),不包含 0,说明意识社会临场感对品牌忠诚的总效应显著;间接效应为 0.1577,区间为(LLCI=0.1041,ULCI=0.2152),不包含 0,说明价值共创意愿在意识社会临场感和品牌忠诚之间的中介作用显著,并且间接效应的 Effect 与直接效应的 Effect 同号,说明价值共创意愿在意识社会临场感和品牌忠诚之间发挥部分中介效应,即 H4a 成立,中介效应占总效应比例为 64%。直接效应为 0.0874,区间为(LLCI=0.0078,ULCI=0.1686),不包含 0,说明在价值共创意愿的影响下,意识社会临场感对品牌忠诚的直接效应仍然显著。

表 5 控制变量下的价值共创意愿对意识社会临场感和品牌忠诚的中介效应检验

变量	品牌忠诚		品牌忠诚		价值共创意愿	
	t	*p*	*t*	*p*	*t*	*p*
性别	0.1695	0.8655	0.6205	0.5354	0.9632	0.3362
教育水平	2.1018	0.0364	2.5643	0.0108	1.4743	0.1414
累计时间	2.851	0.0047	3.1393	0.0019	1.3124	0.1904
参与频率	-1.1041	0.2704	-0.9964	0.3198	-0.0666	0.947
意识社会临场感	2.4543	0.0147	6.7347	0	8.8371	0
价值共创意愿	9.8107	0				
R 方	0.4049		0.2165		0.242	
F	34.4721		16.8532		19.4707	

表 6 总效应、直接效应及中介效应分解表

	Effect	BootSE	BootLLCI	BootULCI	相对效应值
间接效应	0.1577	0.0284	0.1041	0.2152	64%
直接效应	0.0874	0.0404	0.0078	0.1686	36%
总效应	0.2451	0.0458	0.1545	0.3359	

2.情感社会临场感、价值共创意愿、品牌忠诚关系

从表 7 可知,在价值共创意愿与情感社会临场感、品牌忠诚与价值共创意愿和情感社会临场感、品牌忠诚与情感社会临场感这三个回归方程中 p 皆小于 0.05,说明通过显著性检验。从表 8 可以看出,在控制性别、教育水平、累计时间和参与频率的条件下,总效应为 0.2193,区间为(LLCI=0.1438,ULCI=0.2913),不包含 0,说明情感社会临场感对品牌忠诚的总效应显著;间接效应为 0.129,区间为(LLCI=0.0785,ULCI=0.1853),不包含 0,说明价值共创意愿在情感社会临场感和品牌忠诚之间的中介作用显著,并且间接效应的 Effect 与直接效应的 Effect 同号,说明价值共创意愿在情感社会临场感和品牌忠诚之间发挥部分中介效应,即 H4b 成立,中介效应占总效应比例为 59%;直接效应为 0.0903,区间为(LLCI=0.0199,ULCI=0.1576),不包含 0,说明在价值共创意愿的影响下,情感社会临场感对品牌忠诚的直接效应仍然显著。

表 7　控制变量下的价值共创意愿对情感社会临场感和品牌忠诚的中介效应检验

变量	品牌忠诚		品牌忠诚		价值共创意愿	
	t	*p*	*t*	*p*	*t*	*p*
性别	0.1808	0.8566	0.5753	0.5655	0.8442	0.3992
教育水平	2.1708	0.0307	2.684	0.0077	1.5898	0.1129
累计时间	3.2579	0.0012	4.132	0	2.5586	0.011
参与频率	-1.2524	0.2114	-1.4737	0.1416	-0.773	0.4401
情感社会临场感	2.9166	0.0038	6.7944	0	8.0792	0
价值共创意愿	9.9262	0				
R 方	0.4096		0.2183		0.2157	
F	35.1539		17.0326		16.7773	

表 8　总效应、直接效应及中介效应分解表

	Effect	BootSE	BootLLCI	BootULCI	相对效应值
间接效应	0.129	0.0278	0.0785	0.1853	59%
直接效应	0.0903	0.0354	0.0199	0.1576	41%
总效应	0.2193	0.0379	0.1438	0.2913	

3.认知社会临场感、价值共创意愿、品牌忠诚关系

从表 9 可知,在价值共创意愿与认知社会临场感、品牌忠诚与价值共创意愿和认知社会临场感、品牌忠诚与认知社会临场感这三个回归方程中 p 皆小于 0.05,说明通过显著性检验。从表 10 可以看出,在控制性别、教育水平、累计时间和参与频率的条件下,总效应为 0.3275,区间为(LLCI＝0.2310,ULCI＝0.4232),不包含 0,说明认知社会临场感对品牌忠诚的总效应显著;间接效应为 0.169,区间为(LLCI＝0.106,ULCI＝0.2401),不包含 0,说明价值共创意愿在认知社会临场感和品牌忠诚之间的中介作用显著,并且间接效应的 Effect 与直接效应的 Effect 同号,说明价值共创意愿在认知社会临场感和品牌忠诚之间发挥部分中介效应,即 H4c 成立,中介效应占总效应比例为 52%;直接效应为 0.1586,区间为(LLCI＝0.0599,ULCI＝0.2573),不包含 0,说明认知社会临场感对品牌忠诚的直接效应显著。

表 9 控制变量下的价值共创意愿对认知社会临场感和品牌忠诚的中介效应检验

	品牌忠诚		品牌忠诚		价值共创意愿	
	t	*p*	*t*	*p*	*t*	*p*
性别	0.3652	0.7152	0.8379	0.4028	1.1411	0.2547
教育水平	1.8303	0.0682	1.9478	0.0524	0.6858	0.4933
累计时间	3.0966	0.0021	3.684	0.0003	1.9944	0.047
参与频率	-1.7359	0.0836	-2.375	0.0182	-1.8152	0.0705
认知社会临场感	4.1016	0.0001	8.7766	0	10.1316	0
价值共创意愿	8.7095	0				
R 方	0.4249	0.2814	0.2876			
F	37.4379	23.891	24.6285			

表 10 总效应、直接效应及中介效应分解表

	Effect	BootSE	BootLLCI	BootULCI	相对效应值
间接效应	0.169	0.0347	0.106	0.2401	52%
直接效应	0.1586	0.0507	0.0599	0.2573	48%
总效应	0.3275	0.0492	0.2310	0.4232	

六、讨论与总结

本研究针对当下虚拟品牌社群环境,基于社会临场感视角,探讨社会临场感对品牌忠诚的具体作用机制,挖掘价值共创意愿在该机制中产生的效应,通过文献综述和理论推导,构建理论模型,并利用相关分析和中介效应分析有效验证社会临场感各维度、价值共创意愿和品牌忠诚之间的关系。基于结论,引发以下讨论:

1. 在虚拟品牌社群中,成员社会临场感的增加能提高其品牌忠诚度。意识社会临场感、情感社会临场感、认知社会临场感都可直接影响品牌忠诚,其中认知社会临场感的直接影响作用最大。从态度理论来看,认知是构建态度的第一步。vivo 就是国内擅长社群运营的企业之一,曾完美地将"开黑文化"引进 V 粉认知中。"五五开黑节"前,vivo 在 V 粉社区里发动游戏活动:"五五开黑节助力赢金豆",数万名 vivo 手机用户参与相互助力,集齐 5 个助力即可抽奖,赢得王者荣耀周边产品。此活动充分调动了成员的参与活跃度和分享积极性，使成员在五一期间沉浸在使用 vivo 手机特有的“开黑”体验中。因此，当品牌爱好者进入社群，社群中的普及应用知识、前沿技术、节日活动、社群表情包、圈内话术、虚拟货币等文化符号都将促进他们对社群以及品牌的正向认知，引导其积极情感和意见的抒发，发展沉浸式体验，进而有利于培养品牌忠诚。

2. 虚拟品牌社群的重要指标——价值共创意愿，也是影响品牌忠诚的重要因素之一。除了价值共创意愿能直接正向地影响品牌忠诚以外，意识社会临场感、情感社会临场感和认知社会临场感能通过价值共创意愿间接作用于品牌忠诚。在该作用机制中，价值共创意愿的间接效应比各个社会临场感的直接效应更高，这给实践带来一定的启示：虚拟品牌社群应该适时举行价值共创活动，调动社群的活跃度，在活动中增加品牌元素，形成自身独特的品牌社群文化，促进品牌关系升级。例如，小米社区在 2020 年 7 月 15 日发起的“聊聊手机管家和隐私”的话题吸引了 3,515 位米友建言献策，而 MIUI 负责人从中既得到了优化方向，也通过积极回应收获了数位米友的点赞支持。最终，该话题成功吸引了 8.2 万米友对 MIUI12 优化的持续关注，沉淀了“为发烧而生”的小米文化。

3. 在本研究中，性别、教育水平、累计时间和参与频率作为控制变量，放进中介效应检验中，除性别以外，教育水平、累计时间和参与频率在上述回归方程中的 p 值存在小于 0.05 的情况，说明教育水平、累计时间和参与频率在不同的社会临场感、价值共创意愿、品牌忠诚这三者变量的关系中会产生一定的影响。此外，本研究现阶段仅以手机品牌社群为例，尚未讨论其他行业的品牌社群，这些都有待进一步研究。

参考文献

邓稳根、黎小瑜、陈勃、罗坤、曾小燕(2018)，《国内心理学文献中共同方法偏差检验的现状》。《江西师范大学学报(自然科学版)》，第 5 期，页 447-453。

丁夏齐、马谋超、王詠、樊春雷(2004)，《品牌忠诚：概念、测量和相关因素》。《心理科学进展》，第 4 期，页 594-600。

范秀成、冷岩(2000)，《品牌价值评估的忠诚因子法》。《科学管理研究》，第 5 期，页 50-56。

贺爱忠、龚婉琛(2011)，《购物网站顾客体验对品牌忠诚影响的实证研究》。《东南大学学报》(哲学社会科学版)，第 4 期，页：61-67。

季丹(2016)，《网络临场感对传播效果的影响研究——基于信任关系的中介效应分析》。《现代传播》(中国传媒大学学报)，第 4 期，页 142-148。

金立印(2007),《虚拟品牌社群的价值维度对成员社群意识、忠诚度及行为倾向的影响》。《管理科学》,第 2 期,页 36-45。

李朝辉(2014),《虚拟品牌社区环境下顾客参与价值共创对品牌体验的影响》。《财经论丛》,第 7 期,页 75-81。

李朝辉、卜庆娟、曹冰(2019),《虚拟品牌社区顾客参与价值共创如何提升品牌关系?——品牌体验的中介作用》。《商业研究》,第 6 期,页 9-17。

李雪欣、黄伟杰、郭辰(2019),《平台经济下社会临场感对顾客忠诚的影响》。《沈阳师范大学学报》(社会科学版),第 4 期,页 68-73。

吕洪兵(2012),《B2C 网店社会临场感与黏性倾向的关系研究》。大连理工大学工商管理博士学位论文。

孟楠楠(2018),《虚拟品牌社区参与者互动对价值共创意愿的影响研究》。河北大学管理学硕士学位论文。

牛振邦、白长虹、张辉、陈晔(2015),《浅层互动能否激发顾客价值共创意愿——基于品牌体验和价值主张契合的混合效应模型》。《科学与科学技术管理》,第 11 期,页 112-123。

沙振权、蒋雨薇、温飞(2010),《虚拟品牌社区体验对社区成员品牌认同影响的实证研究》。《管理评论》,第 12 期,页 79-88。

史慧姗、郑燕林(2016),《MOOC 中社会性互动的功用分析》。《现代远距离教育》,第 2 期,页 29-35。

田赛(2017),《虚拟品牌社区中社会临场感对品牌承诺的影响研究》。山东大学企业管理硕士学位论文。

王永贵、马双(2013),《虚拟品牌社区顾客互动的驱动因素及对顾客满意影响的实证研究》。《管理学报》,第 9 期,页 1375-1383。

魏晓宇(2019),《旅游虚拟社区顾客价值共创行为对品牌信任的影响研究》。华侨大学旅游学院硕士学位论文。

温忠麟、叶宝娟(2014),《中介效应分析:方法和模型发展》。《心理科学进展》,第 5 期,页 731-745。

赵宏霞、王新海、周宝刚(2015),《B2C 网络购物中在线互动及临场感与消费者信任研究》。《管理评论》,第 2 期,页 43-54。

中国互联网络信息中心(2020 年 4 月 28 日),《第 45 次〈中国互联网络发展状况统计报告〉》。上网日期:2020 年 4 月 28 日,引自 http://www.cnnic.cn/hlwfzyj/hlwxzbg/hlwtjbg/202004/t20200428_70974.htm。

中国市场监管报(2019 年 12 月 25 日),《〈中国品牌影响力研究报告(2019)〉发布》。上网日期:2019 年 12 月 25 日,引自 http://www.cicn.com.cn/zggsb/2019-12/25/cms122856article.shtml。

朱良杰、何佳讯、黄海洋(2017),《数字世界的价值共创:构念、主题与研究展望》。《经济管理》,第1期,页195-208。

朱良杰、何佳讯、黄海洋(2018),《品牌拟人化促进消费者价值共创意愿的机制研究》。《管理学报》,第8期,页1196-1204。

Biocca F, Harms C, & Gregg J.(2001). *The networked minds measure of social presence: Pilot test of the factor structure and concurrent validity*. Paper Presented at the Presence.

Hair JF, Tatham R L, Anderson RE, et al.(1998). *Multivariate Data Analysis* (5th ed.). Upper Saddle River, New Jersey: Prentice Hall.

Harsandaldeep Kaur, Mandakini Paruthi, JamidUl Islam, Linda D. Hollebeek(2020). The role of brand community identification and reward on consumer brand engagement and brand loyalty in virtual brand communities. *Telematics and Informatics*, 46.

Jagdish N. Sheth, M. Venkatesan.(1968). Risk-Reduction Processes in Repetitive Consumer Behavior. *Journal of Marketing Research*, 5(3), 307-310.

Muniz Albert M., O'Guinn Thomas C.(2001). Brand Community. *Journal of Consumer Research*, 27(4), 412-432.

Shen, K.N., and Khalifa, M. (2009). Design for Social Presence in Online Communities: A Multidimensional Approach. *AIS Transactions on Human-Computer Interaction*, 1(2), 33-54.

Short, J., Williams, E., & Christie, B.(1976). *The social psychology of telecommunications*. London: Wiley.

Yi, Y. , & Gong, T. (2013). Customer value co-creation behavior: scale development and validation. *Journal of Business Research*, 66(9), 1279-1284.

Zwass & Vladimir. (2010). Co-creation: toward a taxonomy and an integrated research perspective. *International Journal of Electronic Commerce*, 15(1), 11-48.

中老年女性亲代的数字受哺意愿与效果及其影响因素研究*

Study on the Digital Feeding Intention and Effect of Parental Generation in Middle-aged and Elderly Women and Its Influencing Factors

◎ 徐晖明　周姗杰　曾丽红**

Xu Huiming　Zhou Shanjie　Zeng Lihong

摘要:家庭中子代掌握的数字信息的价值要高于亲代,从而导致家庭内部"反向社会化"现象的出现,即数字反哺。中老年女性亲代由于受到传统思想观念的影响,对数字技术的掌控能力明显弱于男性。然而,在传统的家庭教育中,女性亲代与子代互动密切,进而为中老年女性亲代接受子代的数字反哺提供了动力和势能。本文通过研究发现,中老年女性亲代较之于男性的数字受哺意愿更为强烈,其受哺效果在线上消费方面最为显著。此外,在数字反哺效果中,代际效应影响、子代反哺行为和态度以及群体内部文化资本的积累均是影响中老年女性群体代际数字受哺的主要因素。

Abstract: Children in families are more capable of mastering and utilizing digital information than their parents, which leads to the phenomenon of "reverse socialization" in the family, namely, digital back-feeding. Comparing with the same-aged male parents, the middle-aged and elderly female parents are obviously weaker in mastering and utilizing digital information. However, this study finds that the middle-aged and elderly female parents interact more closely with their children, which in turn makes them to have stronger willingness, and

---

* 本文系国家社会科学基金一般项目"社会性别视角下女性媒体工作者的职业发展研究"(项目号:18BXW034)的阶段性成果。

** 徐晖明,广州大学新闻与传播学院教授,博士,硕士生导师。周姗杰,广州大学新闻与传播学院硕士研究生。曾丽红,广州大学新闻与传播学院副教授,博士,硕士生导师。

thus be more inclined, to accept the digital back-feeding from their children. It is also found that, among various back-feeding effects, the most significant one comes from online consumption. The main factors that affect the intensity of back-feeding on middle-aged and elderly female parents include the intergenerational influence, the behavior and attitude of the children on the back-feeding, and the accumulation of cultural capital within the group.
关键词：中老年女性，数字受哺，意愿，效果，影响因素

Keywords: middle-aged and elderly women, digital feeding, willingness, the effect, influence factor

中老年群体由于受到时代背景和教育环境的拘囿，其文化素质和信息接收能力相对有限。在面对互联网的数字冲击时，作为“数字移民”“数字弱势群体”（周裕琼，2018）的一代，中老年群体虽然不具备与“数字原住民”同等的媒体适应能力和学习能力，但是他们却具有强烈的意愿来接纳数字媒体带来的社会变化，这促使其选择向子代寻求帮助，从而产生“数字反哺”的反向社会化互动模式。在不同性别的中老年群体中，女性对数字媒体的接近与使用诉求相较于男性而言更为迫切，其数字的老龄化呈现出“性别逆转现象”（周裕琼，2018）。由于数字反哺现象联结了亲子代双方“受传者”和“传者”两个互动主体，故本文尝试从“数字反哺”领域切入，并以“数字受哺”为入口，兼将性别视角纳入综合考量，以家庭中的“数字受哺者”——中老年女性亲代为研究对象，观察中老年女性群体在面对当下的数字文化冲击时，是如何通过“数字受哺”行为来接触并使用数字技术，获得有效的数字学习，以弥合自身与子代之间的数字代沟，并打破男性垄断技术的局面，追赶新媒体技术的社会发展进程，更好地享受技术发展带来的社会红利的。

一、文献综述及问题提出

（一）数字鸿沟的出现与延伸

数字鸿沟作为一种比喻，出现于20世纪90年代的学术界，“数字鸿沟的出现”意在“使人们有机会认识到技术富有者和技术贫穷者之间存在的不平等”。数字鸿沟共分为三道沟，分别为接入沟、使用沟、知识沟，目前学界的关注重点逐渐由第一、第二道鸿沟转向第三道鸿沟，即受众在接入和使用中产生差异，从

互联网上汲取并转化的知识量和质量的能力不平等,必然会对人们的社会和政治生活产生直接的影响(韦路、张明新,2006)。

数字鸿沟会加深社会的不平等程度,促进由于知识再分配导致的知识阶层分化已然成为学界的共识。陈力丹(2015)认为,数字鸿沟在经济上加剧了贫富差距分化,在政治上使“不同群体之间产生政治知识上的差距,从而影响了政治预测力”,而在文化上,“数字鸿沟将加深教育鸿沟,催生网络文化代际鸿沟,并进一步带来网络时代媒介素养的差异”。严励(2014)认为,数字鸿沟中知识沟的发展是由于新媒体技术推动了知识的重新分配,从而进一步催化了知识阶层的分化。周裕琼(2014)提出,在家庭传播环境中,数字鸿沟通过代际鸿沟的形式呈现,具体指向“父母(亲代/传统世代)和子女(子代/E世代)在新媒体采纳、使用以及与之相关的知识方面的差距”。亲子代对新媒体技术知识不同程度的拥有量,导致家庭中数字代沟的形成已经成为一个普遍现象。

(二)数字反哺与受哺研究

美国人类学家米德在《代沟》及《文化与传承》中提出关于“前象征社会”的理论,特指“在论及年长者不得不向孩子学习他们未曾有过的经验的这种社会文化类型”。周晓虹(2000)根据中国的具体社会情况,总结出“文化反哺”概念,他认为由于社会结构的迅速变迁,不同时代背景的几代人对社会认知和对知识的把握程度存在巨大的差异,亲代所掌握的信息和价值判断标准已经难以具备实用并传承的价值,而子代自身对社会变迁具有敏感性,对新兴事物的接触速度和掌握程度要远高于亲代。

相较于亲代的“数字移民”身份而言,子代作为与数字技术共同出现并成长的“数字原住民”,在媒体技术中拥有更多的话语权和主动权。亲代为了更好地适应新兴数字媒体,不得不求助于子代来解决数字媒体技术使用问题,这就形成了所谓的“数字反哺”。周裕琼对家庭中的关于子代对亲代进行数字反教育化的活动进行研究,观察“数字反哺”在家庭代际互动中的作用、“数字原生民”对“数字移民”(普林斯基,2001)的反向社会化。目前的研究中,主要体现为老年对媒介的使用诉求(陈月,2011;王萍、王斌,2008;孙信茹、赵洁,2018),分地区研究(哈尔滨、上海、北京市朝阳区、深圳等地),再者是反映家庭传播中出现的代际互动现象,子代与亲代之间的代际数字互动(周裕琼,2018;朱秀凌,2018)。尽管既有研究发现,在触媒过程中,女性亲代与男性亲代的数字诉求呈现出“性别逆转现象”(周裕琼,2018;王丰,2019),但目前学界鲜有学者将性别视角纳入对数字受哺现象的观察和考量,尤其缺少从“中老年女性亲代”的视角出发,观察在家庭这个社会环境中,中老年女性亲代与子代的数字交流提升与中老年女性数字化媒介素养之间的关系,而是更多地将两性亲代视为无差异化总体,审视数字反哺现象将如何消融亲子代之间的数字代沟。

(三)中老年女性的数字媒介使用和家庭职能研究

曹晋(2016)通过民族志的参与观察法,研究处于弱势群体地位的都市钟点女工的个人微观生活,发现使用手机对钟点女工的主体性和个人身份认同的转变产生了重要影响。周裕琼(2018)通过量化与质化相结合的研究方式,发现女性群体的微信使用诉求和频率要超过男性,即出现“性别反超现象”。王丰(2019)在研究当中也指出,“研究访谈对象都是中老年流动女性,所观察的微信群里的成员也主要是中老年女性”。研究还发现,“中老年男性在微信上的活动主要以玩游戏、在公众号上看小说为主,而对于参加微信群、与人聊天不热衷”。由此可见,中老年女性群体在社交媒体使用中更具有积极性。

在当下的社会生活中,女性依旧难以避免要承担更多家庭事务的角色。这种现象可以追溯到汉唐时期父系制度下的“母职”身份。“中国现代母职和父职生成于清末以来的现代化转型”(王向贤,2017),“家长主义的逻辑是家庭要为教育的失败负责,而性别化的家长主义则是母亲应为家庭教育的成败负责”(金一虹、杨笛,2015)。“男主外、女主内”的家庭分工观念一直延续至今,尽管男性在家庭中也承担部分照顾子代的劳动,但是“母亲角色”(motherhood)作为家庭劳动主要承担者的身份从未被代替。家,是实现儿童社会化的初级组织(戴维·波普诺,2007)。“母职”身份起到更多代际联结的作用,与子代的交流和联系更为频繁,是更能感受到亲子代之间“代沟”的角色。相对于母亲角色,父亲在家庭交流中的联结性较差,“在中年父亲家庭教育与子女关爱的缺位,甚至成年父亲的巨婴形象表现很快成为议题焦点”(曹晋、刘亭利,2018)。

五四运动时期,女性自我解放运动得到空前的发展,并出现“女国民”一说(郑永福、吕美颐,2005),女性意识在当时已有较为明显的开化,出现了大规模的女权运动,作为新思想、新文化,始终与旧思想文化传统进行斗争。尽管女权运动的参与者十分活跃,但也只是“中华民国”国民中的一小部分,大部分女性的思想并未得到完全解放,现代社会中依旧存在以“男尊女卑”的观念来处理家庭关系和社会男女地位问题的现象。固化的封建传统思想均成为女性现代化意识成长的障碍。在接受新媒体技术的意识层面,正如卜卫(2002)的研究发现,“女性不采用计算机新技术的原因不是技术的障碍而是观念落后”,“女性要唤醒自觉的主体意识”,“加强网络修养”,“提高在线意识”,“争取在线权利”,“并主动参与信息的创造与传播”,而不仅满足于做被动的信息接收者。

目前关于中老年女性群体的研究已经在社会学领域得到了较为普遍的关注,但是在新闻传播学术界,关注者仍然寥寥。伴随着银发群体的崛起,中老年女性对数字媒体的使用越发迫切。然而中老年女性群体又处于“女性”和“中老年”的双重弱势地位之中,被媒体“妖魔化”,被贴上“广场舞大妈”等带有讽刺性的负面标签(周裕琼,2018),中老年女性群体身份亟待被正名。与此同时,这个群体由于受到代际效应的影响,难以像子代“数字原住民”一样,快速转向数字化思维,迎合数字化浪潮。而在家庭中,女性亲代由于自身独特的家庭角色与育儿职能,与子代之间的联系更为密切。故此,本文试图了解,家庭中的中老年女性亲代在数字受哺过程中相较于男性而言是否具有更强烈的受哺意愿?中老年女性亲代在接收、使用、知识获取三道数字鸿沟中能否产生更有效的受哺效果?中老年女性亲代通过数字受哺行为能否使其触媒状态呈现出更加年轻化和先进化的态势?

综上,本文提出如下研究假设:

H_1:中老年女性亲代的媒介接入和媒介使用较男性更多、更频繁;

H_2:中老年女性亲代较男性而言具有更强烈的数字受哺意愿;

H_3:数字受哺过程中,中老年女性亲代较男性获得更多有效的数字学习。

二、研究方法

(一)问卷调查法

“亲代与子代”,是指在生育过程中产生的父母与子女所形成的上下代,在生物学中称为“亲代”和“子代”。本文以“家庭”这一社会契约结构为单位,以家庭中的中老年女性(女性亲代),即45~80岁的“母亲”角色作为研究对象。

世界卫生组织对老年人的划分提出新的标准,即将44岁以下的人群称为青年人,45到59岁的人群称为中年人,60到74岁的人群称为年轻的老年人,75岁以上的才称为老年人。根据2019年1月国家统计局发布的全国人口调查显示,2018年我国60周岁以上的人口首次超过了0~14岁人口,老龄化趋势日趋显著。而山东省60岁以上的老年人占省人口总数的21%,且比例不断上升,山东成为全国老年人口第一大省。由此可见,选取山东省的中老年群体作为研究样本,将对推测全国性中老年亲代的数字触媒情况和数字受哺情况具有预见性意义。本文通过线上线下同时发放问卷,共回收 218 份问卷,剔除包括漏填、答案一致、用时过少、家中无子女等所导致的无效问卷,共得到 209 份有效问卷。通过对回收的问卷使用 SPSS 统计软件进行分析发现,在回收的问卷当中,男性共 106 份,占总比 50.7%;女性共 103 份,占总比 49.3%,男女比例为 1.03∶1。调查问卷一共设计了四个部分:(1)基本信息,其中包括受访对象及其子女的性别、年龄、文化水平、离退休前的职业信息;(2)受访对象手机的基本使用情况,其中包括手机软件使用类型、使用时长以及使用过程中出现的困难;(3)出现手机使用问题时的解决渠道;(4)接受子代反哺的程度,使用五级量表进行测量亲代关于电子支付和网上社交相关问题的受哺程度。

(二)深度访谈法

由于量化研究不方便深入了解受访者的亲身经历和具体想法,故研究者在实地调研过程中,选取了 12 位 41～80 岁的中老年女性亲代进行深度访谈,详细了解其手机使用、与子女线上交流等情况,由于采集到的信息过于繁多,本文基于深度访谈的信息饱和原则,最终选取了 10 位分布于 41～80 岁之间各年龄层、多样化职业类型的中老年女性作为访谈对象。访谈对象情况见表 1。

表 1 深度访谈对象情况表

序号	姓名	年龄	文化程度	离退休前职业	子女年龄	子女工作	子女文化程度
A1	徐阿姨	47	小学	打工	23/25	在读学生	本科
A2	林阿姨	48	初中	工厂工人	21	在读学生	本科
A3	湖心亭林阿姨	51	高中	党政机关公务员	28	媒体工作者	本科
A4	姚阿姨	53	高中	务农	25/27	医疗工作者	大专
A5	箱包店张阿姨	64	中专	党政机关公务员	38	党政机关公务员	本科
A6	赵奶奶	73	本科	外贸公司	47/42	从事外贸工作;在英国攻读计算机硕士	本科、硕士
A7	何奶奶	80	初中	农民	46/48/55	公司职员	高中、专科
A8		62	高中	下岗	36/45	医生	本科、硕士
A9		52	高中	个体	21	在读学生	本科
A10		41	中专	个体	16	在读学生	高中

三、中老年女性亲代的数字受哺意愿及受哺效果

(一)中老年两性亲代数字媒体使用情况与差异性分析

为了解中老年女性触媒的基本状况,对比男女两性数字媒体使用差异,根据人民网发布的《中老年人上网状况及风险网络调查报告》显示,中老年手机网民占中老年网民总体的95.6%,“网络尤其是移动互联网正在改变中老年人的生活”(李洪心、李巍,2012)。因此,本文以中老年两性亲代的“手机”使用情况为考察主体(未将电脑、iPad等其他设备纳入考察范围),检验其“性别反超”程度,并对研究受访者的日均触媒时长分布情况进行统计分析。通过统计分析发现(见图1),中老年男性亲代日均上网时间为2.92小时,中老年女性亲代日均上网时间为3.40小时,其中高于“5小时”的女性比例比男性高10%。在手机媒体的众多软件与功能之中,本文借鉴了中国互联网络信息中心(CNNIC)所分类的收集软件类型,并参考前人的调查问卷设计(周裕琼,2018;李珂欣,2018),对中老年亲代的手机软件使用情况进行调查统计,将其使用的手机软件归纳为“网络新闻”“即时通信”“视频类软件”“网上支付”“搜索引擎”等9种类型。

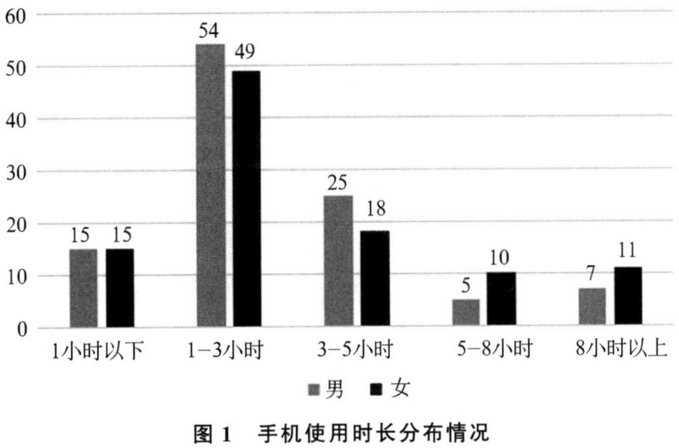

图1 手机使用时长分布情况

通过数据的统计分析发现,中老年男性亲代常用的软件类型为2.95种,中老年女性亲代为3.10种。但在“网络新闻”“搜索引擎”和“网络游戏”等功能类型中,中老年男性亲代的采用率分别为62.3%、40.0%、4.7%,高于中老年女性亲代的44.7%、33.7%、0.9%;而在“即时通信”“网上支付”“图片处理”“网络音

乐”这 4 种功能类型中,中老年女性亲代的采用率分别为 87.3%、70.9%、16.5%、23.3%(男性采用率分别为 78.3%、57.5%、4.7%、15.1%),出现了所谓的“性别反超”现象。因此,假设 H_1“中老年女性亲代的媒介接入和使用较男性而言更多、更频繁”为不完全归纳。上述数据统计显示,中老年亲代在数字媒体常用软件类型和使用时长中,均出现了“性别反超”的现象,这再一次印证了关注中老年女性亲代数字媒介使用的重要性和现实价值。

(二)中老年女性亲代的数字受哺意愿

从图 2 可看出,在中老年两性亲代的数字受哺意愿调查中,有 51.69%的中老年女性亲代明确表示,若出现触媒障碍,自己有较强的意愿主动寻求子代的帮助,比例高于男性的 37.08%。

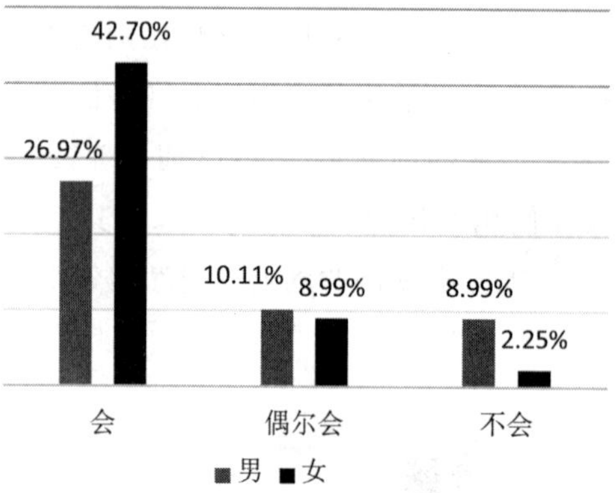

图 2　受哺意愿值

为了进一步测量中老年女性亲代在哪些方面的受哺意愿更为强烈,本研究设置了“中老年女性亲代受哺行为”李克特量表进行测量,对接受子代反哺的项目进行细分统计,其中包括“网络购物”“提前消费”“使用团购预订车票、酒店”等 9 个变量。

首先进行量表的结构效度检验,量表 KMO 值为 0.878,sig 值为 0.00($p<0.001$),因而可以进行进一步的因子分析,以验证问卷的结构效度。通过使用主成分分析的方法,本研究在量表中提取了 2 个主要因子。通过观察整理,将因子 1 命名为“两性亲代受哺意愿”,其成分分别包括 “网络购物”和“使用团购”等方面的意愿;将因子 2 命名为“两性亲代受哺效果”,其成分包括接受子代关于“线上社交”“使用网络用语、表情包”等反哺效果,两个因子累计方差贡献率为 61.668%。因此,两个因子均具有良好的代表性,量表具有良好的结构效度。

研究者对中老年两性亲代的受哺意愿进行赋值,1 代表非常不认同,5 代表非常认同。首先,分别对两个公因子中的样本进行描述分析,研究者观察到两组样本分布的偏度、峰度绝对值均小于 1,可认为两组样本分布均近似正态分布,可进行进一步的计算测量。本文采用 Cronbach's Alpha 信度分析,对"中老年两性亲代受哺意愿"因子成分进行测量,结果显示"中老年两性亲代受哺意愿"成分 Alpha 系数为 0.804,因此因子 1 内含成分可信度符合测量要求。

根据表 2 所示,中老年两性亲代在不同维度的受哺意愿具有统计学显著差异。尤其在"网络购物"维度中,中老年两性亲代的受哺意愿无内在一致性,即"性别"因素呈现出显著性差异($p<0.05$),具有统计学意义,接受 H_2:中老年女性亲代较男性而言具有更强烈的数字受哺意愿。尤其在"网络购物"维度,女性亲代与男性亲代之间呈现明显的统计学差异,这与日常行为中中老年女性的购物欲望要强于男性的情况相吻合。同时,女性亲代需要通过购买生活物资来保证家庭功能的正常运转,这些需求均促使中老年女性亲代向子代寻求数字反哺,并增强她们的数字受哺意愿。

表 2　中老年两性亲代受哺意愿情况

	性别	受哺意愿均值	Pearson 卡方	sig(双侧)
网络购物	男	3.34	10.486	0.033
	女	3.64		
提前消费	男	2.53	3.018	0.560
	女	2.59		
使用团购	男	3.54	5.960	0.200
	女	3.7		
婚恋观	男	3.33	1.785	0.775
	女	3.37		
理性看待数字技术	男	3.64	3.138	0.535
	女	3.8		

注:"男"N=106,"女"N=103。

(三)中老年女性亲代的数字受哺效果

本研究继续采用 Cronbach's Alpha 信度分析,对"中老年两性亲代受哺意愿"的因子成分进行测量,统计结果显示"两性亲代受哺效果"Alpha 系数为

0.812,因此因子2可信度符合测量要求。在近似正态分布下,对“两性亲代受哺效果”各项维度进行独立样本t检验。由表3可以得到,在“参与网络购物进行日常消费”的问题中,得出显著性sig=0.008($p<0.05$),即两者总体具有统计学差异。中老年女性亲代接受反哺的效果高于男性,这与女性线上购买需求高于男性的现实情况相符。因此,接受假设H_3:“数字受哺过程中,中老年女性亲代获得更多有效的数字学习。”

通过观察中老年女性亲代的受哺意愿和受哺效果,发现线上消费是该群体的一项重要的线上活动。随着线上消费的迅速普及,“网络购物”的便利性不仅受到年轻人的欢迎,也受到广大中老年女性群体的青睐,而“银发网民”群体数量的不断上升,进一步促进了老年电子商务的发展(李洪心、李巍,2012),提升中老年女性群体线上购物的安全性和体验感,既是市场的需要,也是道义上保障中老年女性群体社会生活的需要。

表3　中老年两性亲代受哺效果分析

		均值	T检验	显著性
使用网络用语或表情包	男	3.4	-1.873	0.063
	女	3.67		
参与网络购物进行日常消费	男	3.2	-2.67	0.008
	女	3.6		
参加线上社群结交陌生朋友	男	2.83	0.38	0.703
	女	2.76		
给常用软件充值,获取更好的服务	男	3.05	-0.79	0.431
	女	3.2		

四、中老年女性亲代的数字受哺意愿与受哺效果的影响因素分析

量化研究结果虽然能够从整体上呈现女性亲代在受哺意愿和效果方面的情况,但是无法深入解释女性亲代在数字受哺过程中的动因,挖掘数字背后的故事。为了深入了解中老年女性亲代在寻求并接受子代的数字受哺过程中出现的影响介质,研究者在实地调研过程中,选取了12位41~80岁间各个年龄阶层、各项职业类型的中老年女性亲代为访谈对象,对女性亲代与子代之间的

数字代际互动现象进行进一步的观察,从而深入考量中老年女性亲代的触媒质量以及缩小她们与子代之间的数字代沟问题的方法。

由于在第10名受访者后没有继续出现对研究具有明显且高价值的信息,说明已经达到信息饱和,所以在满足10名受访对象的数量后结束深访,采用10名受访者的受访材料进行分析。通过对采访资料的整合归类,共提取出三个要点:子代反哺的敷衍态度、代际效应的缓冲效果以及阶层文化资本积累的差异。

(一)子代对待"数字反哺"的敷衍态度

通过调查研究发现,目前中老年女性亲代面对数字媒介使用问题向外界求助的情况可以归纳为两种状态:主动受哺和被动受哺。"主动受哺",即"主动寻求数字反哺",是指中老年女性亲代自身在触媒过程中存在疑问,为了获取更完善的数字媒体使用感,主动向外寻求帮助,解决数字媒体的使用困难问题;"被动受哺",即"被动接受数字反哺",是指中老年女性亲代在周边环境的触动下,不得不接受新兴的数字媒体技术和数字媒体功能。在量化的数据统计过程中,我们可以看出,中老年女性亲代具有明显的主动向子代寻求数字反哺的意愿,甚至有接受新兴数字观念的趋势,如认同网络上新兴的婚恋观,或者使用团购这种网络购物方式等,但其数字受哺效果却并未呈现出显著良好的发展态势。

"平时用手机的时候会有一些问题,孩子有时间的话就会去问她。"(A3)[①] 51岁的公务员林阿姨,其女儿从事媒体行业,由于女儿对媒体情况较为熟悉和了解,故此子代认为亲代询问的媒介使用问题过于幼稚,对数字反哺的抵触心理强烈。"孩子有自己的工作和家庭,平时交流主要聊聊家常,很少说到手机的使用问题。我女儿是做媒体行业的,但当我问她手机使用的这些问题,她觉得太幼稚,不愿跟我聊。"(A3)[②]退休后自己开箱包店的张阿姨,受生意的影响,不得不开通微信和支付宝等功能。"起初没有开(微信、支付宝支付渠道),后来发现大家都在用,客户也在要求,就只能也开通了这个。"(A5)[③]但是由于没有接触过电子支付渠道,在使用过程中,张阿姨遇到过各种困难,由于涉及财产账户安全,所以只能求助于自己的孩子。"要绑卡、开户啊,我不懂只能让儿子帮我去办那些手续,但是他也不会告诉我是怎么搞的,我下次不懂还得找他,他就不耐烦了,这样三番两次我就不愿去找他帮我了。"(A5)[④]

---

① 采访资料来自A3林阿姨。
② 采访资料来自A3林阿姨。
③ 采访资料来自A5箱包店张阿姨。
④ 采访资料来自A5箱包店张阿姨。

由此可见,子代的反哺行为和反哺态度,是影响女性亲代受哺意愿和受哺效果的重要因素。多名受访对象反映,子代很难主动对亲代进行数字反哺,且数字反哺的方式多以直接解决、代处理为主,子代很少在具体操作层面花费时间对亲代进行耐心指导。因此,中老年女性亲代只能做到在子代的陪同下完成对数字媒介的接触使用,但是在后期使用时若再次遇到类似困惑则依旧无法解决。这种恶性循环将导致中老年女性亲代的数字受哺意愿急剧下降,进而削弱其数字受哺效果。

(二)代际效应的缓冲效果

代际效应即出生在同一年(或某一个时代)的人们在成长过程中经历相同的社会环境,导致属于不同代际的人们之间的系统差异(董志强、张建武,2012)。代际效应对数字代沟的形成有明显催化作用,中老年女性亲代的数字受哺意愿会受到代际效应的缓冲影响,中老年女性的固化思维将导致其数字受哺需求递减,并进一步阻碍其数字受哺效果的形成和反应。

从上文量化研究的结果来看,"网络购物"维度是中老年女性在触媒过程中最易产生数字问题且最需要接受数字反哺的维度。"网络购物"的迅速普及和扩张,尤其是在中老年女性群体中的扩散趋势明显。在线上购物和电子支付风靡初期,中老年女性群体对涉及财产安全的数字媒介功能多持怀疑态度。譬如研究者采访的何奶奶和赵奶奶,她们对手机的使用依旧存有"戒备"心态,对线上交易功能,纷纷表示"不太安全,没有纸质的凭证,怕自己的密码被人家知道了"(A6)①;而对于网上购物行为,两位均认为"在网上买衣服不方便,经常会买到不合身的衣服,退换又麻烦,不如在线下实体店直接试穿来得方便"(A7)②。

这种情况多出现于年纪较大的中老年女性群体之中,代际效应造成的思维僵化程度较深,由于传统的理财方式和线下的实体购物习惯已经被固化,数字媒体电子支付的变革很难在老年女性群体中得到很好的传播和使用,故而其数字受哺意愿弱,难以产生有效的数字受哺效果。然而相对于年轻(50岁左右)的中年女性来说,代际效应的缓冲效果程度会更浅,中年女性群体的学习和适应能力会更强。53岁的姚阿姨平时在线上购物中,很少通过"弱关系"渠道购买,而是选择淘宝、拼多多等线上购物软件进行消费。"因为不了解对方,所以不敢

① 采访资料来自A6赵奶奶。
② 采访资料来自A6赵奶奶和A7何奶奶。

相信，万一对方是骗子呢。”（A4）[1]但是中年女性群体由于受到年轻一代的影响，开始接触“熟人代购”模式。“只有通过认识的人买东西才觉得放心，在平时买东西遇见问题时会问孩子，问孩子后更放心，孩子懂得也多嘛。”（A4）[2]“强关系”“熟人渠道”会大大降低中老年女性群体对网络购物、电子支付等涉及财产安全问题的怀疑和戒备心理，故而可以得到更有效的数字媒体使用获得感和安全感。

48岁的林阿姨，面对网络购物持较为开放的态度，“方便”是其“网络购物”的主要动因。“我每个月都会在网上买一些日用品，比较方便，还有就是用微信给孩子转生活费，不用跑银行，快捷很多。”（A2）[3]但是，对于网络团购和预订酒店、机票等操作的接受程度明显不高。“自己不会搞，怕自己买错了，还是习惯去现场直接买，有时候出门孩子会帮忙在网上买。”（A2）[4]由此可以看出，代际效应导致的对网络支付渠道的不适应、不信任，是阻碍中老年女性亲代学习线上消费手段的重要心理因素。

（三）阶层文化资本的积累差异

“布尔迪厄以大量的调查数据和实证材料论证出身于不同阶级的孩子在教育和学术上所能获得的特殊利益与他们所在阶级之间的经济状态有着明显的对应关系。”（包亚明，1997）由此可见，文化资本的积累取决于其阶级所属位置，文化基础和开放的环境氛围，有利于个体进行进一步的文化积累，而文化水平相对较低，接受的文化输入效果就更差，从而导致所谓的“马太效应”：当数字鸿沟扩大化时，拥有更多文化资本的阶层群体会接收更多高价值的信息，而拥有文化资本较少的阶层群体获取信息的途径和速度也就相应减少，进而造成同一性别群体中的成员数字媒体使用技能的差异化。

在众多访谈者中，退休前从事党政机关工作的林阿姨，日均触媒时间在8小时以上，远远超出其他受访者。她接触并熟练使用的手机应用有7个以上，最常使用的是微信、抖音以及观看网络直播的应用，甚至玩手机游戏，其数字媒体使用状态呈现出年轻化的态势。由于对数字媒体的使用较为熟练、频繁，林阿姨的数字媒体学习能力相对于其他受访者来说具有明显优势。林阿姨认为，

---

① 采访资料来自A4姚阿姨。
② 采访资料来自A4姚阿姨。
③ 采访资料来自A2林阿姨。
④ 采访资料来自A2林阿姨。

"自己很少在手机使用过程中出现困惑"(A3)[①]。本科时学习"外贸"和"计算机专业"的赵奶奶,会经常关注国家的政治新闻,紧跟时事,并会主动与孩子进行交谈,"会经常注意习书记最近提出的网络战略和新思想,我的孩子目前也在英国修计算机硕士,我会经常跟他讨论最新的网络安全政策,时刻关注这些新闻,这都是以前工作形成的习惯"(A6)[②]。由于接受较高水平的文化教育,家庭经济情况也十分乐观,两位阿姨在数字技术思想上和数字媒体学习能力上均具有明显优势,相对高频率的媒介接触,促使两位阿姨能够在数字媒介基本应用功能之外继续延伸拓展,而在进一步的媒介使用过程中将会触发更多的数字需要,相应的数字受哺意愿随之上升,以至于在退休后的文化关注和触媒环节中保持较高的反哺效率。也在数字媒体信息传播带来的知识再分配的过程中处于优势地位。而那些文化水平较低的中老年女性,对于数字媒体的使用仅停留在浅尝辄止的状态。"面对手机、网络这些新鲜事物,自己已经上了年纪,很难去学习和熟识一种陌生的技术和新知,总感觉自己不愿动脑子,脑子也不能像年轻人一样,觉得自己没有必要再去学习了。"(A2)[③]由此可见,由于文化水平和职业类型的不同,同性之间的文化资本积累差异导致阶层群体内部触媒程度的差异化,这种差异将在中老年女性亲代的数字受哺意愿和受哺效果中进一步呈现。

五、结论与讨论

综上可见,中老年女性群体对数字媒体技术并非一律抵触和排斥。当下的中老年女性处于"中老年"和"女性"双重数字弱势的境遇中,因而关注其媒介使用需求、增强其主动触媒意识,对信息公平共享、增强社会服务职能和社会稳定都将产生重要作用。"中国老年群体需要基于承认与重视的媒介关怀,且应该是能够解决老年歧视和提供有效信息的媒介关怀。"(陈月华,2010)

本文将"数字反哺"概念进一步延伸拓展,将"数字反哺"过程中的"数字受哺者"作为本文的考察对象,进而提出"数字受哺"的概念,并将"数字受哺"进一步划分为"主动受哺"和"被动受哺"两种类型。同时,本文将性别视角纳入"数字受哺"的亲子代之间的观察和考量,关注中老年女性亲代的数字媒介使用情

---

① 采访资料来自 A3 林阿姨。

② 采访资料来自 A6 赵奶奶。

③ 采访资料来自 A2 林阿姨。

况,分析其在数字反哺过程中的受哺意愿和受哺效果及其影响因素,试图通过亲子代之间的代际互动来缩小数字代沟。在社会效应层面,透析家庭传播中反向社会化的互动模式,不仅对缩小代际间数字鸿沟有显著作用,而且能进一步透析在中国家庭环境中存在的普遍问题,“有可能成为缓和亲子冲突、改革家庭结构的难得机遇”(周裕琼,2014)。

通过质化和量化研究结果的呈现,在中老年女性亲代的数字触媒过程中,“网络购物”是该群体受哺需求和受哺意愿最为强烈的维度,相应的数字受哺效果也呈现出明显优势。“网络购物”将触发复杂的数字化操作流程,同时能够催化中老年女性主动的数字受哺行为。因此,关注中老年女性群体的线上消费行为和财产安全问题,对刺激该群体积极触媒、进行数字学习均具有积极的正向促进作用。在社会经济效益层面,作为互联网和数字媒体的巨大发展“蓝海”,中老年女性群体蕴含着巨大的商业价值和消费潜力。

我国中老年人的网络消费能力不断增强,中老年 IT 市场将成为未来攻克的重要方向。因此,在宏观社会层面上,政府应重视中老年群体上网的安全问题,加大监管力度和媒体宣传力度,做好“防网络诈骗”的教育科普,而互联网网络服务商应提供对中老年友好的信息产品服务,做到产品服务的高质量、针对特定人群的专业化;从微观家庭层面,应塑造良好的家庭互动氛围,而作为家庭互动效果的重要节点,女性亲代应借此机会加强与子代的数字互动,接受数字反哺,缩减代际间的数字鸿沟,促进信息传播公平。同时,学界应增强对中老年,尤其是中老年女性数字使用的关照。当然,对于由性别差异所造成的数字受哺意愿和受哺效果的显著差异还有待进一步研究。

在得出一系列研究发现的同时,本文仍然存在一些不足,故而提出后续的研究发展方向:首先,由于本研究关注的是在数字反哺中中老年女性群体的受益效果,应进一步计划向青年学生发放问卷,增加问卷的覆盖率和有效性,观察女性亲代与子代对于数字受哺的不同观念和行为,深入挖掘数字受哺的影响因素。对于在数字反哺过程中,子代的行为和态度、性别差异造成的反哺效果差异应进行进一步的深入研究。其次,应以家庭为单位,观察亲子双方的互动关系。每个家庭的互动模式都有一定差异,应以焦点小组的方式,选择多个家庭进行深度对比分析,观察不同的家庭互动模式对代际传播的影响,以及对女性亲代数字受哺的作用差异,观察其中的潜在规律,以更好地服务于数字受哺研究。

参考文献

包亚明(1997),《文化资本与社会炼金术——布尔迪厄访谈录》。上海:上海人民出版社。

卜卫(2014),《"认识世界"与"改造世界"——探讨行动传播研究的概念、方法论与研究策略》。《新闻与传播研究》,第12期,页5-20,119。

曹晋、刘亭利(2018),《都市中年男人的同性社交与媒介化家庭沟通》。《新闻界》,第2期,页63-72。

曹晋、徐璐、许一凡(2015),《网络媒体"更年期"修辞与转型——中国的市场经济》。《陕西师范大学学报》(哲学社会科学版),第3期,页144-152。

甘勇灿、盖龙涛(2013),《"三网融合"进程中老年群体网络媒介使用行为调查——以哈尔滨地区为例》。《新闻传播》,第9期,页194-195。

胡春阳、毛荻秋(2019),《看不见的父母与理想化的亲情:农村留守儿童亲子沟通与关系维护研究》。《新闻大学》,第6期,页57-70,123。

黄钟军、潘路路(2014),《从中老年表情包看网络空间的群体身份区隔》。《现代传播》(中国传媒大学学报),第4期,页97-102。

李洪心、李巍(2012),《"银发一族"成为网络达人有可能么?——基于老年电子商务现状及问题的探析》。《兰州学刊》,第9期,页81-84。

李珂欣(2018),《家庭中的数字代沟与反哺现象探究——基于对90后大学生家庭的微信使用访谈》。武汉大学硕士学位论文。

林枫、周裕琼、李博(2017),《同一个家庭不同的微信:大学生VS父母的数字代沟研究》。《新闻大学》,第3期,页99-106,151。

刘锦(2018),《代际传播的反哺研究——以大学生与父母微信交流为例》。广西大学硕士学位论文。

马中红(2016),《文化资本:青年话语权获取的路径分析》。《中国青年社会科学》,第3期,页53-57。

玛格丽特·米德(1987),《文化与承诺——一项有关代沟问题的研究》(周晓虹、周怡译)。石家庄:河北人民出版社。

人民网舆情数据中心(2018),《中老年人上网状况及风险网络调查报告》。引自:http://yuqing.people.com.cn/n1/2018/0629/c405625-30096878.html。

孙信茹、赵洁(2018),《手机拍照、社会参与及主体建构——基于一个城市中老年女性群体的观察》。《现代传播》(中国传媒大学学报),第2期,页26-31。

韦路、张明新(2006),《第三道数字鸿沟:互联网上的知识沟》。《新闻与传播研究》,第4期,页43-53,95。

魏下海、董志强、张建武(2012),《人口年龄分布与中国居民劳动收入变动研究》。《中国人口科学》,第3期,页44-54,111-112。

严励、邱理(2014),《从网络传播的阶层分化到自媒体时代的文化壁垒——数字鸿沟发展形态的演变与影响》。《新闻爱好者》,第 6 期,页 46-49。

郑永福、吕美颐(2005),《关于近代中国‘女国民’观念的历史考察》。《山西师大学报》(社会科学版),第 4 期,页 58-63。

周晓虹(1998),《试论当代中国青年文化反哺的意义》。《青年界》,第 11 期,页 22-26。

周晓虹(2000),《文化反哺:变迁社会中的亲子传承》。《社会学研究》,第 2 期,页 51-66。

周晓虹(2015),《从颠覆、成长走向共生与契洽——文化反哺的代际影响与社会意义》。《河北学刊》,第 3 期,页 104-110。

周裕琼(2015),《当老龄化社会遭遇新媒体挑战 数字代沟与反哺之学术思考》。《新闻与写作》,第 12 期,页 53-56。

周裕琼(2018),《数字弱势群体的崛起——老年人微信采纳与使用影响因素研究》。《新闻与传播研究》,第 7 期,页 66-86,127-128。

周云(2005),《女性与互联网研究现状回顾》。《妇女研究论丛》,第 2 期,页 71-76。

朱秀凌(2018),《手机技术反哺、亲子沟通与父母教养方式——基于技术接受与使用整合模型的分析》。《新闻大学》,第 4 期,页 108-119,155。

注意力经济理论的再阐释*

——基于互联网“流量经济”现象的分析

Reinterpretation of Attention Economy Theory

—Analysis of the phenomenon of Internet “traffic economy”

◈ 党明辉**

Dang Minghui

摘要:面对21世纪初的互联网经济泡沫,我国学者对注意力经济理论产生了质疑,并用“影响力经济”等概念对其进行了修正。“流量经济”现象的出现,使得注意力经济理论再度受到关注与推崇。本文分析了注意力经济理论及建立在其基础上的各种传媒经济观点,认为“影响力经济”等是商业型经济模式下的注意力经济,“流量经济”则是分享型经济模式下的注意力经济。引入了“流量经济”视角的注意力经济理论,不仅能够解释当前背景下的传媒经济问题,21世纪初的传媒经济问题也可得以解释。

Abstract: Facing the Internet economic bubble at the beginning of this century, Chinese scholars have questioned the theory of attention economy. The emergence of the phenomenon of “traffic economy” has made the attention economy theory once again received attention and admiration. This paper analyzes the theory of attention economy and various media economic viewpoints based on it, and holds that “influence economy” is the attention economy under the commercial economy mode, and “traffic economy” is the attention economy under the sharing economy mode. The theory of attention economy from the perspective of “traffic economy” can not only explain the media economic problems

* 本文系国家社科青年基金项目“基于大数据内容分析的新媒体时代公共舆论中的表达理性框架研究”(项目批准号:15CXW016)的研究成果。

** 党明辉,南京大学新闻传播学院博士研究生,西北大学新闻传播学院高级工程师。

in the current context, but also the media economic problems at the beginning of this century.

关键词:注意力经济,流量经济,传媒经济,分享型经济,用户

Keywords: attention economy, traffic economy, media economy, sharing economy, user

当今时代,明星大V所吸引到的网络流量可以转化为经济效益,拾荒人沈巍等所吸引到的网络流量同样也可以转化为经济效益。哪里有流量,哪里就有利益,媒体已经发展成为疯狂的注意力掠夺者,流量已经成为捕捉商机的重中之重。"流量经济"现象使得注意力经济理论重新具有了强大的解释力,同时也使得"影响力经济"等传媒经济概念失去了部分解释力,亟须我们对互联网注意力经济问题做出新的阐释。本文拟探讨两方面问题:第一,"流量经济"现象反映了什么样的媒介经济?"影响力经济"等传媒经济概念为什么无法解释此类媒介经济现象?第二,互联网媒介环境下必然会出现"流量经济"现象吗?网络媒介发展初期,流量为什么无法直接带来经济效益?

一、关于传媒经济本质的几种观点

面对特定时代背景下的媒介经济现状,我国学者对注意力经济理论产生了质疑,并在此基础上,展开了关于传媒经济本质的讨论,提出了以下几种具有代表性的观点。

(一)"影响力经济"等

21世纪最初的几年,中国几大门户网站凝聚了众多的人气,新浪、搜狐、网易等网络企业造就了一大批网络经济巨人,产生了巨大的网络流量,但却长期无法盈利,出现了注意力经济理论无法解释的现象。

面对互联网经济泡沫,学者们将矛头直指"注意力经济"。喻国明(2003)最先提出"影响力经济"概念,认为注意力的获得只是跑马圈地式的数量扩张,并不能产生实际的价值,在资源有限、规模有限、市场份额有限的情况下,有效的注意力资源才能产生实际的经济价值,媒介的盈利模式必须建立在"影响力经济"基础上。沿着这一思路,吴信训(2005)等学者还提出了"舆论经济"概念,认为媒体的"影响力"来源于其作为社会舆论利器所特有的影响舆论、形成舆论,

甚至制造舆论的内在力量,传媒产业在本质上是运用舆论力量来产生影响力进而实现媒介经济效益的。

(二)"双重内涵经济"等

"影响力经济"等观点使很多当时媒介环境中的现实问题迎刃而解,得到了学者们的普遍关注与认可。但与此同时,也有学者对这种媒介本质思路提出了质疑,认为注意力除了量的多少,同样也有质的高低,"影响力经济"并不能比"注意力经济"概念更好地阐释媒介经济的本质(汤李梁,2006)。

汤李梁(2006)在传媒产业同时提供内容服务与广告服务,内容服务的本质是版权,广告服务的本质是注意力的基础上,提出传媒经济的本质是版权经济和注意力经济,即"双重内涵经济"。谭天(2010)从传媒"产品"的"意义"入手,认为"意义"体现了传媒以"产品的内容"来吸引受众进行消费的特征,同时也体现了在媒介产品基础上形成的各种商业模式和经济形态,传媒经济的本质是"意义经济"。陈鹏(2014)则认为创新力、吸引力是凝聚注意力资源、产生影响力效果、汇聚舆论、形成意义的根本,传媒经济的本质则是在创新力基础上对受众的吸引力,简称为"吸引力经济"。

(三)"用户经济"等

互联网时代的媒介"受众"不只被动地接收信息,同时还参与到整个传播环节之中,成为将生产、传播和消费统一于一身的媒介"用户"。针对当前时代互联网媒介产业的现状和问题,为了更加准确地阐释媒介经济的本质和规律,近年来,学者们又提出了一些新的传媒经济本质观。

王庆凯(2016)提出"用户"是互联网时代传媒经济活动的出发点和立足点,传媒经济本质上是"用户经济"。王桂娜(2016)提出传媒经济围绕用户建立产品与用户、产品与产品、用户与用户之间的关联,"相关性经济"概念能够更清晰地解释媒介产业中的一些现实现象,应用性更强,更符合新媒介的特征。郑青华(2018)认为媒介的根本机制在于作为"中间物"或"中介","连接"决定了媒体、用户、商家三个核心要素之间的特征,传媒经济的本质是"连接经济"。

本文梳理了注意力经济理论体系,认为"影响力经济""双重内涵经济"等观点反映了商业型经济模式下的注意力经济问题,"用户经济"等观点则反映了分享型经济模式下的注意力经济问题。几种具有代表性的传媒经济本质观点所反映的利润实现方式、经济模式等可归纳为表 1。

表1 注意力经济理论体系

	高德哈伯注意力经济思想		西蒙注意力经济思想
传媒经济本质观	“影响力经济”等	“双重内涵经济”等	“用户经济”等
利润实现方式	二次售卖	二次售卖+一次售卖	交叉互补的利润实现过程(直接交叉补贴、三方市场、免费加收费、非货币市场等盈利模式)
中心	以“产品为中心”的注意力经济		以“用户为中心”的注意力经济
双重经济模式	商业型经济		分享型经济(流量经济)

二、商业型经济模式下的注意力经济问题

(一)注意力经济理论

1. 注意力经济思想的源头

注意力经济观念由来已久,加拿大传播政治经济学者达拉斯·斯麦兹(Dalla W Smythe)早在1951年就提出大众传播媒介的主要产品是受众的人力(注意力),人们享用媒介提供的“免费午餐”的过程中不仅消磨了时光,同时还创造了媒介价值(郭振之,2001)。媒介研究学者麦克卢汉(McLuhan)在20世纪60年代也注意到了注意力的价值,发表了与斯麦兹相似的论断,指出电视台实质上是在租用受众的感官做生意,受众对媒介内容的关注便是受众完成注意力付费的方式,媒介内容正是为达成这种付费而设计的诱饵,而媒体广告则是作为无意识的药丸设计的(麦克卢汉,2004)。斯麦兹、麦克卢汉等学者虽然感知到了注意力价值的存在,但并没有对注意力价值展开详细论述。

学界普遍将注意力经济的思想源头追溯至诺贝尔经济学奖获得者赫伯特·西蒙(Herbert A. Simon)的研究。西蒙早在1971年就指出信息的丰富将导致注意力短缺的问题,认为信息消费的对象是信息消费者的注意力,信息丰裕的社会中会出现信息消费能力的不足,受众的注意力将成为可贵的资源,需要在过量可供选择的信息中合理配置受众的注意力资源。

2. 注意力经济理论

1997年,米切尔·高德哈伯(Michanl Goldhaber)在《注意力经济:网络的自然经济》一文中系统地阐述了注意力经济理论,被认为是注意力经济研究的开山之作,促使了注意力经济概念迅速遍布世界各地,也为其赢得了“注意力经

济学之父”的美誉。高德哈伯将注意力资源类比于具有使用价值的“消费品”(张雷,2013),强调“商家”不择手段地争夺用户眼球(姜奇平,2005),立足于“生产者”角度,着重关注“企业”如何能够更有效地吸引消费者的注意力,通过培养潜在的消费群体达到产品销售的目的(陆军,2006)。

高德哈伯的注意力经济理论奠定了注意力经济问题研究的基本方向,深刻地影响了后继学者的注意力经济问题研究。托马斯·达尔波特(Thomas H. Davenport)、赛思·高斯坦因(Seth Goldstein)等注意力经济理论研究的杰出代表均继承了高德哈伯的观点,关注注意力的商业价值,探讨注意力经济产品在广告和因特网商业实践活动中的应用,进一步发展了注意力经济理论(曹鹏,2001)。

(二)“影响力经济”“双重内涵经济”等观点反映了商业型经济模式下的注意力经济问题

商业型经济是以“产品”为中心的经济价值实现方式,当具有经济价值的东西用以交换时,便意味着商业型经济的存在(韦伯斯特,2017)。传媒产业在商业型经济模式下,通过“一次售卖”和“二次售卖”获取商业利润。“一次售卖”和其他商业产品相同,直接出售媒介的内容资源,杂志的直接售卖、报纸的订阅费、有线电视的收视费、电影的入场券等都是售卖内容资源;“二次售卖”体现了媒介产品与其他商品的差异性,媒体除了向受众售卖内容资源外,还可以向广告商售卖用户的注意力资源。

“影响力经济”等观点将注意力资源视为一种特殊的产品,聚焦于通过“二次售卖”实现企业利润,是在商业型经济模式下对传媒业利润实现方式的一种阐释。受高德哈伯和达尔波特等人影响,喻国明在最先引入注意力经济理论时,基于商业型经济视角,认为注意力资源是媒介经营的重要“产品”,是媒介经济利润的主要来源(汤李梁,2006)。注意力经济是“影响力经济”的前提和基础,传媒吸引受众注意力的最终目的是对其产生影响进而实现“二次售卖”(卜彦芳,2008)。

“双重内涵经济”等观点不仅强调媒介产品的“二次售卖”,而且还强调媒介产品的“一次售卖”,同样是在商业型经济模式下对传媒产业利润实现方式的阐释。“意义经济”概念勾连起了传媒产业的“一次售卖”产品和“二次售卖”产品,认为传媒产业的注意力稀缺性价值建立在对媒介内容意义消费的基础上。“双重内涵经济”认为“一次售卖”的本质是版权经济,“二次售卖”的本质是注意力经济,传媒产业的本质具有双重内涵,分别是版权经济和注意力经济。"吸引力经济"认为创新力是"一次售卖"产品的意义来源,吸引力则是"二次售卖"产品汇集稀缺性资源的方法,创新力基础上的吸引力同时使得媒介内容具有意义,对注意力资源产生影响。

"影响力经济""双重内涵经济"等传媒经济概念建立在高德哈伯的注意力经济理论基础上,将注意力问题局限在"产品"所能获取的注意力资源上,关注的并非注意力本身的价值,而是特定"媒介产品"所能吸引的注意力资源以及这种注意力资源引发的实际购买行为。将"注意力资源"类比于媒介产业所经营的"产品资源","注意力资源"的价值等同于媒介产品所能完成的"一次售卖"和"二次售卖"价值,反映了商业型经济模式下的注意力经济问题。

三、"流量经济":分享型经济模式下的注意力经济问题

商业型经济并非主导人类交换活动的唯一体系,与商业型经济不同,分享型经济不存在直接的金钱交易,人们免费分享或生产东西(韦伯斯特,2017)。"用户经济"等观点反映了分享型经济模式下的注意力经济问题。

(一)以用户为中心:注意力经济理论的题中应有之义

赫伯特·西蒙谈注意力经济问题的出发点是"人的注意力"的稀缺性,以"人"或"用户"为中心,强调信息的充裕性会消耗信息"接收者"的注意力,过量的信息会导致注意力的贫乏。西蒙对注意力更本质的理解不是"特定媒介产品"所能捕获到的注意力的匮乏性,而是"用户"自身注意力的稀缺性。以"产品为中心"的注意力经济理论,从根本上就对西蒙的注意力经济思想有所偏离,重新阐释注意力经济,需要强调"人的中心性",充分认识到注意力不是一种被动的信息接收,而是一种主动的信息选择,注意力资源本质上体现着消费者主权,而不是被动的选择(姜奇平,2005)。

面对互联网媒介经济的不断深化,学界也已经意识到了以"产品为中心"的注意力经济观念的局限性,研究重心开始向以"用户为中心"转移。"用户经济"等传媒经济概念,修正和发展了注意力经济理论,使其开始回归注意力问题的本质内涵。于正凯(2015)认为传统媒介的着眼点在于"厂商",而新媒体经济的着眼点则在于"用户"。王桂娜(2016)认为"影响力经济"等观念力求通过产品获得更多的注意,产生更大的影响,这种观念的着力点是"产品",强调"内容为

王”,没有认清媒介经济活动的核心力量是“用户”,导致不能清晰地解释当前媒介产业中的现实情况。喻国明(2007)也陈述了类似的观点,认为传媒企业需要改变传统的以“产品为中心”的思路,树立以媒介“客户为中心”的理念,将以提高对客户个体的占有率为目标的范围经济模式,嵌入客户的生活,建构契合客户需求的完整的产品和服务供应体系。

(二)流量即价值:分享型经济模式下的注意力价值实现方式

社会科学研究中的网络流量是指以网络点击量为直接度量单位,通过浏览量、转发量、点赞量等反映出来的普通民众的网络行为数据量。网络媒介中频繁使用的“流量明星”“流量艺人”“流量大 V”“流量平台”等概念皆用流量指代具有众多受众、能够吸引注意力的事物,流量即媒介所能吸引到的用户数量。

互联网从诞生之初就被贴上了“注意力经济”的标签,而网络流量则是衡量注意力的最好的标准(安德森,2015)。在信息极度丰富的新媒体时代,网络流量的价值更加凸显(云度,2016),以注意力争夺为导向的融合化发展成为包括传统大众媒体在内的所有媒体的共识。媒介的商业价值直观地体现为其所能获取的曝光量、转发量、点赞量以及建立在这类流量数据基础之上的排行榜指数,流量成了媒体人孜孜以求的目标,为了获取流量,媒介甚至放弃了第四等级的原则,竭尽所能地打造着阅读量“10 万+”的“爆款”文章。

安德森将现代分享型经济称为免费经济,认为“世界是一个‘交叉补贴’的大舞台”,媒介在这个“大舞台”上通过直接交叉补贴、三方市场、免费加收费、非货币市场等模式盈利(安德森,2015)。分享型经济模式下,媒介不是以“产品”为中心,依靠“产品”的稀缺性和交换价值,从产品所获得的流量中探寻优质客户资源,而是以流量本身为中心,依靠产品的使用价值和分享价值(里夫金,2017),将产品作为获取流量的途径,寻求流量在不同产品之间的交叉补贴价值。媒介通过线上线下整合推动产业向外扩张,延伸产业链,提升流量变现能力,挖掘用户每次点击的流量价值,除广告盈利模式外,还通过虚拟产品增值服务、口碑营销、搜索营销、打赏、劳务佣金、开放 API 接口等多种交叉补贴形式盈利(赵曙光,2014)。草根出身的李子柒,将其创作的短视频免费分享于网络,不接广告、不接商演,凭借免费视频所吸引的网络流量,通过交叉补贴的方式在 YouTube、天猫旗舰店实现了超过传统明星的商业价值。

(三)互联网“流量经济”

至此,我们可以回答本文的第一个问题:“流量经济”是以网络流量的价值开发为手段的免费分享型经济,通过挖掘无差异的流量的商业价值,将普通流量转化为免费分享型经济中的优质客户资源,在这种价值实现模式下无差别的网络流量本身就反映了交叉互补世界中的整体价值,流量的多少就代表了商业价值的多少。

"流量经济"是分享型经济模式下以"用户为中心"的注意力经济,其不同于以寻找优质客户资源为目标的商业型经济,因而"影响力经济""双重内涵经济"等传媒经济概念无法解释"流量经济"现象。"流量经济"也不完全等同于"用户经济"等传媒经济概念。一方面,"流量经济"不是对注意力经济理论的修正,而是回归注意力经济思想本身,强调以"用户为中心"是注意力经济理论的题中应有之义;另一方面,"用户经济"等观点强调传媒经济的本质是"用户",以及"用户""商家""媒体"之间的关联,"流量经济"并非对传媒经济本质的探寻,而是对这种本质观下注意力经济现象的再诠释,"流量"是作为本质的"用户"实现其媒介价值的具体方式,是"用户""商家""媒体"之间所建立起的关联的测量指标。"流量经济"与"注意力经济"理论体系中其他概念之间的关系如表 1 所示。

四、注意力经济理论解释力的再阐释:"流量经济"的价值实现

"流量经济"更好地解释了当前媒介环境下注意力资源所能产生的经济效益,支持了"用户经济"等传媒经济本质观念。那么,21 世纪最初几年,互联网媒介获得了大量的网络流量,建立了用户和产品之间的关联,为何无法产生经济效益?"流量经济"的价值如何才能实现呢?

(一)产生"流量经济"的两个必备因素

"流量经济"的价值实现,首先需要满足注意力资源的稀缺性因素,以往学者对注意力经济问题的研究,都在稀缺性因素视角下进行了分析。然而,以"用户为中心"的注意力经济,除了受限于注意力资源的稀缺性因素影响外,同时还受限于用户消费潜能的可挖掘性因素。

互联网消费文化落后于互联网科技的发展,影响了互联网发展初期个体消费潜能的可挖掘性。文化滞差概念由威廉·奥格本(William Fielding Ogburn)在 1922 年出版的《社会变革》(*Social Change with Respect to Culture and Original Nature*)一书中提出。他认为社会发展中,各个领域间会出现变化速度的不平衡现象,精神文化的发展落后于科技和工业文明的发展,不平衡的发展

速度会形成人文理论的困惑（丁帆，2001；卞冬磊，2005）。21世纪初，我国传媒产业中之所以出现“流量经济”不能解释的现象，原因正在于互联网时代的文化滞差。21世纪最初的几年，互联网时代刚刚到来，虽然网络媒介蓬勃发展，物资日趋丰富，媒介市场具备了注意力资源的稀缺性因素，但人们的消费习惯还停留在紧缺经济时代的思维模式之中。在视勤俭节约为美德、买椟还珠为可耻行为的传统文化中，人们无法形成多元消费理念，没有为免费物品付费的习惯，在以“产品为中心”的商业型消费观念中，市场也无法形成交叉补贴的消费模式。这些特征共同决定了当时的互联网注意力经济只适用于商业型媒介产业模式，只能在“影响力经济”“双重内涵经济”等观念的指导下，以“产品为中心”获取优质客户的商业价值。

（二）“流量经济”的价值实现方式

分享型经济模式下的注意力经济，通过其范围经济和规模经济属性，在交叉互补的世界中实现市场价值。

范围经济方面，互联网媒介以多元化形式降低成本，将成本分摊在媒介企业的不同产品上，从不同的渠道获得收入。其一，互联网媒介出现的同时，人类社会经历了从现代社会向后现代社会的转型（姜华，2015），人们的消费观念逐渐发生转化，开始从消费物质转向消费符号，从消费内容转向消费体验，自愿以多种形式为免费资源支付报酬，有利于形成交叉互补的范围经济；其二，稀缺经济时代的盈利主要依赖于具有消费能力的优质客户资源，通过产品寻找具有购买能力的产品受众。富裕社会到来，普通人的平均消费能力得到明显提高，媒介不再以优质客户资源作为价值实现的唯一途径，而是以普遍具有购买能力的普通用户为中心，基于用户的需求提供多样化的产品，视普通用户为媒介市场中无差异的流量，挖掘其在媒介范围经济中所创造的直接或间接的市场价值。

规模经济方面，互联网媒介能够将微不足道的流量资源汇聚成巨大的财富，形成“流量经济”的规模经济效应。其一，互联网技术释放了空间束缚，能够使互联网媒介及其产品面向全球范围的更多用户，使得薄利多销的规模经济更具可能性；其二，互联网空间中的注意力资源能够自然聚集，涌现出具有可开发价值的用户群体，降低媒介企业的调查协调成本，促使多样性注意力资源转换为实际商机，原子社会中微不足道的注意力资源汇聚成巨大的财富，促使媒介企业获取利基产品的市场价值。与此同时，形成规模的这部分用户群体还能进入交叉补贴的范围经济，再次降低媒介企业的组织成本，从而使得传统时代组织成本过高,没有企业自愿予以实施的那部分市场需求,即“科斯地板”之下的那部分注意力价值浮出水面。

综上,“流量经济”的价值实现,需要基于注意力的稀缺性和用户消费潜能的可挖掘性两方面因素。互联网技术释放了空间束缚,有利于媒介企业汇集注意力资源、降低管理协调成本,形成“流量经济”的规模经济特征,解决互联网时代注意力资源的稀缺性问题。然而,互联网发展初期,消费文化和网络科技文明之间存在严重的文化滞差,人们缺乏交叉支付的习惯,阻碍了对用户消费潜能的挖掘,不利于形成“流量经济”的范围经济特征,因而出现了占据网络流量的网站无法获得市场效益,注意力经济理论暂时无法解释的网络媒介现象。

五、结语

围绕传媒经济的本质问题,学者们在注意力经济理论基础上,先后提出了“影响力经济”“双重内涵经济”“用户经济”等具有解释力的观点。这些观点的提出,弥补了注意力经济理论在特定媒介市场状态下的不足,对传媒经济的运行有着重要的理论价值。

基于对各种观点及媒介现状的分析,笔者认为,注意力经济理论具有强大的解释力,与其提出各种特定时代特定视角下的媒介经济概念,不如回归注意力经济问题本身,对其进行更为全面的阐释。立足于西蒙的注意力经济思想,笔者认为“流量经济”是注意力经济理论的题中应有之义,结合“流量经济”视角重新审视注意力经济理论,不仅能够解释当前背景下的传媒经济问题,21 世纪初的传媒经济问题也可得以解释。

参考文献

卞冬磊,张稀颖(2005),《转型期大众传媒报道与大学形象塑造关系研究——以 2004 年 1 月 1 日以来的相关报道为研究对象》。《新闻与传播研究》,第 2 期,页 68-71,85。

卜彦芳(2008),《传媒经济学——理论与案例》。北京:中国国际广播出版社。

曹鹏(2001),《“注意力经济”何以破产?——媒介赢利模式剖析》。《传媒》,第 12 期,页 42-43。

陈鹏(2014),《内容与渠道创新基础上的吸引力经济:传媒经济本质的另一种解读》。《新闻与传播研究》,第 4 期,页 42-52,126。

丁帆(2001),《“文化滞差”下的创新与价值的位移》。《江苏社会科学》,第 1 期,页 20-21。

郭镇之(2001)，《传播政治经济学理论泰斗达拉斯·斯麦兹》。《国际新闻界》，第 3 期，页 58-63。

姜华(2015)，《论新闻民粹主义的理论渊源、表现及其社会影响》。《山西大学学报(哲学社会科学版)》，第 6 期，页 58-72。

姜奇平(2005)，《基于意义的注意力经济——注意力经济的 2.0 版》。《互联网周刊》，第 20 期，页 78-80。

杰里米·里夫金(2017)，《零边际成本社会：一个物联网、合作共赢的新经济时代》(赛迪研究院专家组译)。北京：中信出版社。

克里斯·安德森(2015)，《免费：商业的未来》(蒋旭峰、冯斌、璩静译)。北京：中信出版社。

陆军(2006)，《中国传媒的注意力经济与影响力经济》。《求索》，2006 年，第 10 期，页 184-186。

马歇尔·麦克卢汉(2004)，《理解媒介：论人的延伸》(何道宽译)。北京：商务印书馆。

谭天(2010)，《传媒经济的本质是意义经济》。《国际新闻界》，2010 年，第 7 期，页 72-76。

汤李梁(2006)，《传媒经济本质的双重内涵——"影响力经济"再反思》。《国际新闻界》，第 10 期，页 43-46。

王桂娜(2016)，《媒介经济活动的本质——关于"相关性经济"的一些阐释》。《青年记者》，第 11 期，页 21-22。

王庆凯(2016)，《用户经济：移动互联网时代的传媒经济新模式》。《西部学刊》，第 1 期，页 52-53。

吴信训、陈积银(2005)，《舆论经济：传媒经济的本质解析》。《中国传媒报告》，第 2 期，页 12。

于正凯(2015)，《技术、资本、市场、政策——理解中国媒体融合发展的进路》。《新闻大学》，第 5 期，页 100-108。

喻国明(2003)，《影响力经济——对传媒产业本质的一种诠释》。《现代传播》(中国传媒大学学报)，第 1 期，页 1-3。

喻国明(2007)，《从规模经济到范围经济——现阶段传媒竞争战略的新趋势》。《当代传播》，第 6 期，页 1。

云度(2016)，《注意力革命》。苏州：古吴轩出版社。

詹姆斯·韦伯斯特(2017)，《注意力市场：如何吸引数字时代的受众》(郭石磊译)。北京：中国人民大学出版社。

张雷(2008)，《经济和传媒联姻：西方注意力经济学派及其理论贡献》。《当代传播》，第 1 期，页 22-25。

张雷(2013)，《新媒体引发的通货革命——注意力货币化与媒体职能的银行化》。《新闻与传播研究》，第 4 期，页 52-62，127。

赵曙光(2015),《消失的入口价值:从注意力竞争到产业链竞争》。《新闻与传播研究》,第6期,页114-125,128。

郑青华(2018),《连接经济:传媒经济本质的再阐释》。《新闻大学》,第6期,页120-127,152。

理论前沿

从计算新闻实践到计算新闻学*

From Computational Journalism Practice to Computational Journalism Study

◈ 巢乃鹏　秦佳琪**

Chao Naipeng　Qin Jiaqi

摘要:计算新闻是伴随着大数据时代的到来和计算机技术的飞速发展,新闻业所出现的一种创新的新闻实践形式,与此相关的概念包括数据新闻、算法新闻、新闻可视化等等。本研究对计算新闻做了初步探讨,重点关注了研究者对计算新闻这一新闻实践活动的学术性研究和思考,在此基础上尝试性地提出了对计算新闻学的概念理解。

Abstract: With the arrival of the big data era and the rapid development of computer technology, an innovative form of news practice called computational journalism has emerged. Concepts related to computational journalism include data journalism, algorithmic news, news visualization, and so on. This paper made a preliminary discussion on computational journalism, especially focusing on the relative academic research. On this basis, this paper try to propose the conceptual understanding of computational journalism study.

关键词:计算新闻,计算新闻学,计算传播学

Keywords: computational journalism, computational journalism study, computational communication study

---

* 本文为国家社科基金重大项目"大数据时代计算传播学的理论、方法与应用研究"(项目号:19ZD324)的研究成果。

** 巢乃鹏,深圳大学传播学院教授、博士生导师,研究领域:网络传播与新媒体研究。秦佳琪,深圳大学助理研究员,研究领域:网络传播与新媒体研究。

一、计算新闻的概念

最近几年,随着大数据时代的到来和计算机技术的飞速发展,大数据、算法等计算机科学技术被运用于新闻生产,计算新闻(computational journalism)应运而生。最早提出计算新闻这个名词的是汉密尔顿和特纳(Hamilton and Turner,2009),他们在一次计算新闻研讨会上将计算新闻定义为“算法、数据和社会科学知识的结合,以补充新闻业的问责功能”,旨在使记者能在发掘新闻故事线索时探索到越来越多的结构化和非结构化信息。同时,计算新闻提供了一种新的方式以帮助维持民主社会所需要的“看门狗”报道。由于早期的概念界定过于宽泛,后续不少学者对其做了补充和修正。戴克普洛斯(Diakopoulos,2011)认为,从过程角度看,计算新闻是计算技术和计算思维在新闻活动中的应用,包括信息收集、组织和意义阐释、推送和呈现、传播和公众对新闻信息的反应等过程,并强调在这些过程中对新闻价值观如平衡性、准确性、客观性的坚持。安德森(Anderson,2013)提出计算新闻是对各种具备了算法、社会科学和数学形式的新闻工作的总称。马克·科丁顿(Mark Coddington,2015)认为汉密尔顿和特纳的定义无法明显区分计算机辅助报道、数据新闻和计算新闻三种新闻实践,他追随戴克普洛斯(2010)的界定思路,提出将计算新闻定义为一系列以技术为导向的新闻,主要围绕计算技术和计算思维在信息搜集、意义建构、信息呈现等实践方面的应用,而不是笼统地将数据或社会科学方法运用于新闻生产。科丁顿还提出虽然计算新闻的源头可以追溯到计算机辅助报道,但两者存在明显不同,计算新闻相比普通的计算机存储访问,更侧重于计算处理能力(如聚合、关联、抽象),更多关注信息检索、人工智能、内容分析、可视化、个性化推荐系统等社会计算和信息科学诸多子领域,远远超越了计算机辅助报道的范畴。

虽然后续研究者们逐渐缩小了计算新闻的外延,但从这些表述中依然能看出其包含着诸多形式的新闻实践,其中经常被一起提及的包括数据新闻、数据驱动新闻、作为编程的新闻(journalism as programming)、数据库新闻等概念(Joakim Karlsen & EirikStavelin, 2014; Liz Hannaford, 2015)。汉纳福德(Hannaford,2015)提到,在诸多相似概念中,由于计算新闻的含义足够广泛,能够概括以上种种,因此计算新闻似乎是使用最广泛的概念。而斯特福林(Stavelin,2014)主要区分了计算新闻和数据新闻,他认为计算新闻主要通过抽象信息来产生可计算模型，而数据新闻主要通过分析数据集来产生数据导向的新闻故事，并非所有的数据新闻都是计算的。

二、计算新闻实践

计算新闻可以说是一个先由业界进行新闻实践探索，进而由研究者跟进的概念。在实践探索中，多家新闻媒体成立了专门的计算新闻生产部门。其中，《纽约时报》(*The New York Times*)的互动新闻室技术小组(The New York Times Interactive Newsroom Technologies group)是将计算技术和可视化方法运用于新闻实践的一个突出例子，这一组织层被纽约杂志描述为“一群从事长期、中期和短期新闻工作的开发人员/记者，或记者/开发人员”(Nussbaum, 2009)。类似的团队在《赫芬顿邮报》(*The Huffington Post*, Stoeffel, 2011)和ProPublica(Ngyuen, 2010)等也有设立。

除了建立专门生产计算新闻的部门，积极在新闻生产中运用算法技术，创作出精彩的新闻作品也是新闻组织实践计算新闻的重要一步。《华盛顿邮报》曾发表过名为 *Truth Teller* 的新闻作品。“Truth Teller 的目标是尽可能实时地检查演讲事实。”(Haik 2013)这一新闻作品通过应用语音转文本算法以及针对已知事实数据库的查找来实现。另外，有一个较小规模、单一故事的利用计算的例子是《纽约时报》曾利用计算技术报道了马里安诺・里维拉(Mariano Rivera)在棒球生涯中如何击败击球手(Roberts, Carter, & Ward, 2013)的例子。记者用 Processing 写了一个应用程序，来调查运动员马里安诺・里维拉的棒球球场数据，并将其击球技术以可视化新闻方式进行报道。丹尼尔(Daniel, 2010)将《卫报》(*The Guardian*)2009 年关于英国国会议员费用丑闻的报道视为计算新闻的一个典型案例，由 15 人组成的报道团队花了一周时间使用 Django 软件在网站上提供相关文件，借助众包技术和计算新闻技术鼓励读者参与新闻生产完成新闻作品。在利用算法进行新闻写作的尝试中，每次有公司季度财报出来时美联社都会通过算法写出大约 4,000 个新闻故事。

此外，用于辅助计算新闻实践的技术开发也算是业界的一个尝试。计算新闻的一个更广泛适用的例子可能是 Document Cloud——由 ProPublica 和《纽约时报》记者在 2008 年创建，它能管理用户提交和注释的文档，并提供处理它们的计算工具，如光学字符识别技术(Cohen et al. 2011)。

相对而言，国内以计算新闻之名开展的新闻实践却付之阙如，不过如果将数据新闻、新闻可视化等也纳入计算新闻的范畴,国内实际上也已经有众多类似的实践了。

三、从计算新闻实践到计算新闻学

计算新闻实践的发展激发了研究者的广泛关注,对计算新闻概念的讨论仅仅是其中一部分,更多研究者的关注点也变得越来越全面广泛。例如有研究者会思考和讨论计算新闻对传统新闻业的积极影响。丹尼尔(2010)列举了计算新闻可能有益于新闻业的各种方式,认为计算新闻能够增加原始调查报告的深度,与竞争者进行区分,加快新闻从消息来源到发布的过程,为分析提供事实依据,从而降低错误报道的风险。科恩(Cohen,2011))等人记录了2009年斯坦福大学计算新闻学工作坊的参与者曾强烈认为计算方法有助于降低成本,提高效率并鼓励调查性新闻报道的参与。弗卢(Flew,2012))等人认为"计算新闻技术可能为原始调查性新闻提供新的基础,并扩大与读者进行新形式互动的范围"。计算新闻能将记者从低级别的发现和获取事实的水平工作中解放出来,从而让他们更加关注新闻的核查、解释和传播;能增加快速生产高质量新闻的机会,降低新闻生产成本,为新闻知识生产增加价值。

随着计算新闻实践的不断深入,有研究者也开始进一步关注计算新闻从业者的工作日常和身份认同,这极大丰富了计算新闻研究的内容。这类研究主要集中在美国、欧洲和斯堪的纳维亚地区新闻组织的计算新闻从业者。最早关于计算新闻从业者的研究来自罗亚尔(Royal,2010)对《纽约时报》互动新闻技术部(Interactive News Technology Departmen)工作实践的民族志研究。该研究发现,这个部门的工作人员首先将记者的身份放在第一位,然后才是技术专家的身份;其次,该小组成员认同黑客文化对创造力和协作精神的强调;最后,他们认为新闻之外所需的重要技能是问题解决思维和网络技术的掌握。韦伯和拉尔(Weber and Rall,2013)比较了美国模式和欧洲模式,研究发现在德国和瑞士,记者和程序员的职责有着截然不同的界定:记者负责新闻产品的研究和内容生产,程序员和工程师则负责视觉或互动成分。而《纽约时报》的程序员和设计师都属于新闻小组,并且每个组员都像记者一样思考和工作。在英国,汉纳福德(2015)对BBC视觉新闻小组和《金融时报》(*Financial Times*)互动新闻小组的调查同样发现,记者和程序员被认为是两个不同的职业,适用于美国的混合角色身份的理念并没有被被访者接受,他们认可的是由记者、程序员和设计师组成的，三种角色相互协作共同致力于交互和数据驱动项目的团队模式。在这个模式中，新闻产品主要由记者主导，因为新闻故事叙述仍是新闻的核心部分。而记者只需具备基本的计算机科学技术，了解在技术上哪些可以实现即可，无需学习复杂的编程技能。而在斯堪的纳维亚地区，计算新闻从业者的看法又发生了变化。塔伊纳·布赫特(2017)通过访谈实地考察发现，在当地新闻从业者看来，计算不仅仅关于算法或内容管理系统，还涉及新闻信念、新闻价值等文化层面的内容，虽然他们运用计算技术，但更强调人的价值判断，反对新闻工作的完全自动化，并且认为基于算法的个性化新闻分发挑战了新闻学的基本价值理念而对其不认可。乔基姆·卡尔森和埃里克·斯特福林(Joakim Karlsen and Eirik Stavelin，2014)对挪威的计算新闻工作者进行访谈后发现，与早期学者们的乐观畅想不同，很少有证据表明计算新闻能够提高新闻工作的效率，或以任何其他方式使记者摆脱低水平的技术工作。同时，从业者们认为要成为一名计算记者需要具备技术和新闻的双重视野，在实践中需要用到数据库、Web 服务器、脚本语言等技术，但记者和开发者两种类型的受访者都将新闻技能放在首位，是进行计算新闻的先决条件。

也有研究者关注到了新闻编辑室以外的计算新闻实践。刘易斯和亚瑟(Lewis and Usher，2014)关注到了新闻和技术世界在新闻创新这一共同目标下的合作，研究者对跨国草根组织“黑客/黑客”(Hacks/Hackers)进行了案例研究，从而了解记者和技术人员的交互行为、合作促成因素，记者和技术人员两个群体之间的参与程度取决于一系列社会和结构因素，而参与深度取决于记者和黑客之间充分的相互理解。

除了以上的研究视角外，值得指出的是，已有研究者尝试从更全面的视角思考了计算新闻的学术研究可能路径。安德森(Anderson，2013)参照了舒德森提出的新闻社会学中经济、政治、文化和组织四个视角，并增加了布尔迪厄场域视角和技术视角，基于这六种视角分别讨论了在数字时代计算新闻学的研究路径。安德森认为从政治视角出发计算新闻学可以关注、鼓励或阻止计算科学技术和实践的公共政策采纳；从经济学角度出发，计算新闻学可以关注制度资源差异创造出不对称的新闻业运作能力的方式。借助场域理论的基本观点，这一视角可以进一步扩大，将其他领域如计算机程序设计和基础领域纳入研究，分析特定领域中同源性因素如何创造出不同的经济、文化以及新闻业内部象征力量的分布。组织视角可以关注计算新闻在真实的日常工作实践中的发展情况，分析潜在技术进步由于制度沉默、官僚主义等原因而成功、失败或被修改的方式。计算新闻的文化视角不仅要检验人与物相互作用对计算技术采用的影响,还要考虑这些相互作用在较大的符号系统和信念模式背景下的发生方式。最后,从技术的视角研究新闻与大数据交叉,可以关注技术自身、关注新闻设计的价值、新闻编辑室意义建构的混合性质,以及在数字信息不断增加的背景下记者身份的变动。此外,白红义(2017)在《数据时代的新闻学:计算新闻的概念、内涵、意义和实践》中对计算新闻做了全面的探讨,也指出计算新闻学是对计算新闻所展开的学术研究,但是他并没有尝试对计算新闻学做出明确的界定。

结合当前的计算新闻实践,以及由此引发的研究者对计算新闻的研究、讨论和思考,我们认为,计算新闻代表了数字化时代中新闻实践未来发展的趋势,它在很大程度上能包容诸如数据新闻、新闻可视化、算法新闻等相关概念的核心内涵。而计算新闻其实蕴含着的计算思维也显现出其独有的价值,在一定程度上构成了计算新闻学的内在本质。当然,我们并不否认计算新闻学是对计算新闻实践的提升和思考,因此,或许我们可以从以下两个不同的层面来理解计算新闻学:

第一,可以从新闻实践的角度理解,计算新闻学是探究计算技术和计算思维如何在新闻实践活动中应用的一个专业学术领域。

第二,可以从计算传播学的角度理解,计算新闻学是通过采集和分析人们获取、浏览和传播新闻的数字足迹来描述、解释和预测新闻扩散、传播效果以及社会影响的一系列计算方法(computational methods)、工具和思想(ideas)。

相对而言,前一个角度更关注新闻生产,而后一个角度更关注传播效果。但不可忽视的是,对于计算新闻的伦理反思也同样应纳入计算新闻学研究的范畴。

四、计算新闻学进展

有意思的是,虽然对计算新闻学的讨论还处在众说纷纭的阶段,甚至对计算新闻学的概念都还没有形成共识,但是在高等院校的新闻教育中,却已经有了一系列计算新闻的教学项目以及相关的研讨会。虽然这些教学项目和研讨会未必能对计算新闻学的建构有实质的帮助,但毋庸置疑的是,这些源于高校体系的教学项目和研讨会对于厘清和推动计算新闻学(而非仅仅是计算新闻实践)的发展有着一定的意义。

最早开始探索计算新闻教学的是佐治亚理工大学。2007 年,佐治亚理工大学开始教授“计算新闻”课程(Irfan & Diakopoulos,2007)。2010 年,哥伦比亚大学新闻学研究生院提供了长达五学期的计算机与新闻学的双学位项目,旨在帮助毕业生在快速变化的电子媒介环境下重新定义新闻学(Journalism.Columbia.com,2010)。并且自 2012 年以来,哥伦比亚大学新闻学院开设了名为“计算新闻前沿”的课程,该课程将带领学生学习先进的技术以应用于新闻实践,同时也将研究软件系统的设计,课程涉及许多计算机科学与新闻学结合的相关专题,如推荐算法、算法过滤、信息可视化、社会网络分析等内容,最新的课程大纲中包含 Python 和 Python 分析工具 pandas 相关基础知识、数据、清洗和可视化等内容。杜克大学在 2012 年春季学期开设了计算新闻课程,课程中教授 Web 编程、SQL、文本/数据挖掘、社会计算、云开发/部署、数字时代的新闻实践等内容。英国卡迪夫大学在 2014 年也开设了计算新闻的硕士项目,旨在帮助学生掌握新闻学和计算机科学的专业知识。

另一项高校中值得关注的计算新闻项目是斯坦福的计算新闻实验室,该实验室于 2014 年成立,是斯坦福大学新闻网络的一个分支,由布朗媒体创新研究所(Brown Institute for Media Innovation)和《斯坦福日报》(*Stanford Daily*)组成。实验室由谢丽尔·菲利普斯(Cheryl Phillips)领导,主要教学生如何提取和使用数据来增强新闻故事或发现新故事。该实验室的双重使命是降低“社会责任新闻”的成本,以及使用计算的方法来帮助发现原本不为人知的故事。在菲利普斯的领导下,实验室的研讨会由各行业的专业人士讲授,如布朗研究所负责人马尼·阿格拉沃尔(Maneesh Agrawala)、Google 新闻创始人克里希纳·巴拉特(Krishna Bharat)。同时,该实验室能自由地调查他们认为合适的新闻项目,其中一个重大的新闻报道成果是围绕宾夕法尼亚州投票机器的新闻实践,成员们调查了那些被认为是低技术并且有可能被攻击的投票机器。在十周之内,成员们在下一个投票周期之前对是否计划升级机器的数据做出映射,并在《费城问询报》(*The Philadelphia Inquirer*)的一篇文章中公布了他们的发现,最终结果是使该县改变了针对投票机器的政策,更新了他们的机器。

除了各所高校自身在不断探索计算新闻学的实践,计算新闻相关主题的学术会议也在不断举办。2008 年 2 月,佐治亚理工学院举办了计算新闻研讨会,在乔治亚州亚特兰大召集了数百名计算研究人员和记者。2009 年 7 月,斯坦福大学行为科学高级研究中心举办了一次研讨会,推动该领域的发展。2013 年 2 月,佐治亚理工学院再次在佐治亚州亚特兰大举办了计算新闻研讨会。2014 年和 2015 年,哥伦比亚大学主办了计算+新闻研讨会(Computation + Journalism),2016年,该研讨会由斯坦福大学主办。Google 新闻实验室在美国和欧洲赞助了"计算新闻研究奖"。2018年第二届欧洲数据与计算新闻会议(2nd European Data and Computational Journalism Conference)在英国威尔士的卡迪夫举行。2019年的计算+新闻研讨会将在佛罗里达州的迈阿密大学举行。

其中,第二届欧洲数据和计算新闻会议包含学术研究会议、行业会谈以及实践研讨会等议程,会议主题包括数据新闻,计算新闻,信息、数据、社会和计算机科学。在感兴趣的研究主题中,新闻编辑室中的数据和计算新闻运用、数据和计算新闻教育与计算新闻直接相关。

参考文献

白红义(2017),《大数据时代的新闻学:计算新闻的概念、内涵、意义和实践》,《南京社会科学》,第6期,页108-117。

Academy Course: computational journalism. from https://www.ebu.ch/trainings/2019/06/computational-journalism.

Anderson, C. W. (2013). Towards a sociology of computational and algorithmic journalism. *New Media & Society*, 15(7), 1005-1021.

Bucher, T. (2017). 'Machines don't have instincts': Articulating the computational in journalism. *New Media & Society*, 19(6), 918-933.

Coddington, M. (2015). Clarifying journalism's quantitative turn: A typology for evaluating data journalism, computational journalism, and computer-assisted reporting. *Digital Journalism*, 3(3), 331-348.

Cohen S, Hamilton JT and Turner F (2011). Computational journalism. *Communications of the ACM*, 54(10): 66-71.

Computational journalism Syllabus. from http://www. compjournalism. com/? p = 84%202.

Computational journalism. from https://en.wikipedia.org/wiki/Computational_journalism.

Daniel, A., & Flew, T. (2010). The Guardian reportage of the UK MP expenses scandal: A case study of computational journalism. In: *Communications Policy and Research Forum*, November 2010, Sydney.

Diakopoulos, N. (2011). A functional roadmap for innovation in computational journalism. from http://www.nickdiakopoulos.com/wpcontent/uploads/2007/05/CJ_Whitepaper_Diakopoulos.pdf.

Flew, T., Spurgeon, C., Daniel, A., & Swift, A. (2012). The promise of computational journalism. *Journalism Practice*, 6(2), 157-171.

Hamilton, J. T., & Turner, F. (2009, July). Accountability through algorithm: Developing the field of computational journalism. In *Report from the Center for Advanced Study in the Behavioral Sciences*, Summer Workshop (pp. 27-41).

Hannaford, L. (2015). Computational journalism in the UK newsroom. *Journalism Education*, 4(1):6-21.

Irfan E and Diakopoulos N (2007) Computational journalism: CS 4803CJ/8903CJ.from http://gt-cj.blogspot.com/.

Journalism. Columbia. com (2010) Journalism-computer science joint degree. from http://www.journalism.columbia.edu/page/275-dual-degree-programs/278#computer.

Karlsen, J., &Stavelin, E. (2014). Computational journalism in Norwegian newsrooms. *Journalism Practice*, 8(1), 34-48.

Lewis, S. C., & Usher, N. (2014). Code, collaboration, and the future of journalism: A case study of the Hacks/Hackers global network. *Digital Journalism*, 2(3), 383-393.

Proceedings of the 2nd European Data and Computational Journalism Conference. from https://researchrepository.ucd.ie/handle/10197/9416.

Project in Computational Journalism, from https://www2. cs. duke. edu/courses/spring12/cps296.1/.

Royal, C. (2010, April). The journalist as programmer: A case study of the New York Times interactive news technology department. In *International Symposium on Online Journalism*.

Stanford Computational Journalism Lab: Laying the foundations of US data journalism, 引自:https://media-innovation.news/media-lab/11765/.

Stavelin, Eirik. 2014. *Computational Journalism: When Journalism Meets Programming*. PhD diss., Norway: University of Bergen, 42.

Weber, W., &Rall, H. (2013). We are journalists. Production Practices, Attitudes and a Case Study of the New York Times Newsroom. In *InteraktiveInfografiken* (pp. 161-172). Springer Vieweg, Berlin, Heidelberg.

What future computational journalism. from https://engineering. stanford. edu/magazine/article/what-future-computational-journalism.

重返身体:新媒介空间中的身体景观与建构方式

Return to the Body: Body Landscape and Construction Method in the New Media Space

韩少卿*
Han Shaoqing

摘要:长期以来,由于受到"身心二元论"等思想传统的影响,身体的观念一直处于若隐若现的状态。随着消费社会崛起、视觉文化转向和新媒介技术的发展,身体问题才得以重返传播学等研究视野。在新媒介时代,人的身体获得了解放,脱离了肉身的束缚,虚拟身体迅速地进入网络空间。在网络表情包、流行语、直播、短视频以及虚拟现实媒介中,弥漫着大量景观化的身体意象。在新媒介空间中身体被重新建构,现实中的肉身身体被转变为了虚拟身体,虚拟身体实现了身体离场但又时刻追求着身体在场,追求身体自由但又主动接受身体规训。由此,身体、传播和媒介三者之间相互交织,形成了新媒介空间中独特的身体文化,并始终影响着媒介技术形态以及信息传播方式的发展。

Abstract: For a long time, due to the influence of ideological traditions such as the "dualism of body and mind", the concept of body has been in a looming state. With the rise of the consumer society, the development of visual culture and the development of new media technologies, physical problems have been able to return to the field of research in the field of communication. In the new media era, the human body is liberated, freed from the shackles of the physical body, and the virtual body quickly enters the cyberspace. Network expression packs, buzzwords, live broadcasts, short videos and virtual reality media are filled with a large number of landscaped body images. In the new media space,

* 韩少卿,南京大学新闻传播学院博士研究生。

the body is reconstructed, and the physical body in reality is transformed into a virtual body. The virtual body realizes the departure of the body but always pursues the presence of the body, pursues the freedom of the body, but actively accepts the discipline of the body. As a result, the body, communication and media are intertwined with each other, forming a unique body culture in the new media space, which has always affected the development of media technology forms and information dissemination methods.

关键词：新媒介，传播，身体景观，建构方式

Keywords: new media, communication, body, landscape, construction method

一、研究缘起

近年来，借助新媒介的发展，每个人都能够在网络空间中自由表达，人的身体意象越来越多地出现在网络表情包、流行语、直播、短视频以及虚拟现实媒介内容和形态之中。在新媒介所塑造的身体文化中，身体成为传播界面的主体，在网络社会中展现为庞大景观的堆积。新媒介改变了人们表达和交流的方式，身体在信息传播中的地位得以凸显。身体逐渐摆脱了传统观念中被压抑、被遮蔽的地位，从肉身身体的缺席转变为虚拟身体的重新在场。人的身体逐渐由后台走向前台，被人们观看、消费，逐渐成为“最美的消费品”。人们越来越生活在一个身体社会（Somatic Society）之中，身体成了重要的生产主体和消费对象。在人类信息传播形态的演变历史中，身体在传播中的地位虽几经沉浮，但始终是人类信息传播的中轴，它就像被一块强有力的磁铁牢牢吸附，一直附着和萦绕在人类传播系统中。弥漫在新媒介空间中的身体景观引起了学界的大量关注，不少传播学者将目光聚焦于“身体”——这个至关重要，但却在过去的研究中若隐若现，并没有得到应有重视的研究取向。传播学研究对身体问题研究的目标在于“发现身体”和“重返身体”，把身体纳入传播学视野。

二、何为身体

（一）身体的多种形态

对于身体的概念和内涵，不同的研究者给出了不同的解释。社会学家布莱

恩·特纳(Bran S. Turner，2000)指出，“身体，乃是人的本体，它既是个体存活的肉之躯，也是社会观念和话语时间的产物”。身体是人存在的前提，今天的人类社会已经是“身体化的社会”。现象学者梅洛-庞蒂(Maurice Merleau-Ponty)认为，“世界的问题，可以从身体的问题开始”。身体的形态不是静止单一的，而是动态多元的。人类学家道格拉斯(Douglas，1973)认为，人的身体具有双重性，即存在“两个身体”——“物理身体”和“社会身体”，人们对“物理身体”的理解制约着“社会身体”的发展。社会学家奥尼尔(John O'Neill)则认为，人具有两种形态的身体，即“生理身体”和“交往身体”，前者是人的自然肉身身体，而后者则是社会性的文化载体，是社会交往和体验的符号(杨亭，2005)。

在巴赫金的理论体系中，潜在的“人”也始终是讨论的焦点，它包含两种属性：一是肉体；二是被符号化了的身体，人的表情、姿态、服饰、语言、仪式等被当作为“身体符号”，成为人的“第二身体”。弗兰克将身体分为规训的身体、镜像的身体、支配的身体、交往的身体(特纳，2008)。在新媒介产生之后，基于图灵实验，海勒提出了一个问题：人的身份究竟是信息形式，还是一种实体化的表现(肉体)？海勒将人的主体分为两个身体，分别是“表现的身体”和“再现的身体”(孙玮，2018)。从以上的梳理可以看出，人们对身体的认识存在不同的观点。总体上看，人作为一个复杂的社会存在，其身体是由二重形态建构而成的：自然的肉身身体与社会的交往身体。

(二)从被压抑到重返的身体世界

在西方思想传统中，灵魂是高于身体的，象征着理性的精神与代表着感性的身体长期处于二元对立的状态。一直到19世纪，身体都是作为灵魂与理性的附庸存在的，直到身体社会学兴起后才出现转机。尼采呼吁“一切从身体出发”，用身体去思考，灵魂不是身体的主宰，而是身体的附属。理性由身体而来，身体是创造性的，而不是被创造的。人首先是以身体为界面与世界打交道，意识必须回到身体才能理解世界。舒斯特曼所理解的身体意识，“不仅是心灵对于作为对象的身体的意识，而且包括‘身体化的意识’：活生生的身体与世界接触、在世界之内体验它”。梅洛-庞蒂在胡塞尔的基础上建立了身体现象学理论，认为身体的内部世界和外部世界是无法分割的，身体是感知世界的媒介。

随着20世纪现代和后现代主义的兴起，理性传统遭到了质疑，而身体也成为反对传统哲学的武器，并作为理解微观权力与驯化的工具。这一时期最具代表性的哲学家是福柯，他重视身体的边缘性、非理性和欲望因素，使得身体重新回归肉身性。他认为，身体具有可变性，不断被自然、社会和文化所塑造。近年来，随着精神分析、文化研究、女性主义、消费文化的兴起，鲍德里亚、舒斯特曼、费瑟斯通、布尔迪厄、戈夫曼等学者不断对身体进行新的理论阐释与建构，身体研究形成了更加多元化的向度。在众多关于身体研究的进路中，主要可以分为三个研究主线：作为文化象征的身体、作为社会建构的身体和作为欲望规训的身体。随着新媒介技术的不断发展，人类进入信息社会、网络社会，身体展现出了更为强势的回归。

（三）网络空间中的身体景观制造

在某种意义上，"景观"一词指称媒介与消费社会，这种社会由形象、商品和景观消费构成。景观通过控制商业媒介的娱乐消费施展它的催眠术，主导整个社会生活，人们所见的世界即景观化的世界。德波发现，景观社会里的人们不再直接把握世界，而是通过各种媒介来观照这个世界。概而言之，景观世界是资本、商品、消费者和媒介幻觉编织成的世界。景观的这种强势发展，在当代呈现出一个极其重要的面向，即身体日益成为景观的重要切口。新媒介为大众提供了身体刺激和审美快感的消费场所，符号化的身体成了一道靓丽的身体景观。"景观的世界是资本的世界，是商品、消费者和媒体狂热者的世界。"

身体在景观语境中，不断制造视觉冲击与快感，而消费者则在这种"景观统治"的环境下，痴迷于身体景观带来的惊喜无法自拔。如费尔巴哈所说，"符号胜过实物，副本胜过原本，表象胜过现实，现象胜过本质"。在消费社会，消费活动本质上是一种意义消费、价值消费，但消费活动中消费的意义、价值并非本质化、真理性的，而主要是通过符号、副本、表象、现象等表征性要素彰显的审美意义、价值。视觉文化的消费在本质上是"景观"消费，德波提出的"景观社会"理论能够成为解读新媒介空间中身体景观的社会结构背景。他认为当今的资本主义体系正在向一个视觉表象化的颠倒世界过渡，虚拟图像所构建起来的社会景观占据了社会生活的全部。各种堆积的景观成为貌似真实的存在，而真实的生活世界却被影像所遮蔽。身体在各种符号化塑造和幻化下，以虚拟方式替代了肉身性存在，成为新媒介空间中的网络秩序存在和日常生活方式。

三、弥漫在新媒介中的身体景观

在新媒介构成的网络空间中，人们制造出了大量的身体意象。身体在虚拟网络中不断被复制、改变和塑造,每个人都能进行身体的数字化生产。新媒介空间中到处弥漫着身体景观,夸张的、怪诞的、充满欲望的,身体以不同的存在方式铺天盖地而来,大大超出了传统文字印刷时代的身体想象。

(一)表情包中的身体景观

表情包是以人的身体表情为基础的,即“身体+表情”,其中包含着大量经过拼贴、改造的身体符号,它实际上是一种身体化的语言表达。身体意象在表情包中有多种多样的存在形式,一是动物等的拟人化,如兔斯基,兔子的身体被转换成了人的身体形态,拥有双手、佩戴眼镜、拍桌子等;二是对人脸表情的拼贴,如“金馆长”表情包,以苦笑表情为原型,衍生出了不同的苦笑表情包;三是对身体形象的再创作,如“杜甫很忙”,被改造为了杜甫肩扛机枪、身骑白马、脚蹬摩托等不同的身体形态;四是对身体动作的戏仿,如捂嘴、大哭、挥拳等,还有由对性器官的凸显产生的各种“污”表情包。除此之外,还有蘑菇头系列、暴走漫画系列、柴犬 Doge 系列等,都是对身体的挪用。

网络表情包是由多种元素组合而成的一种多模态话语,兼具娱乐性、戏谑性和视觉性的特征,以其强大的叙事性成为网络中现象级的文化景观。在网络交流活动中,网络交流由文字依赖转向表情包迷恋,表情包成为网民线上生活必不可少的一部分,正所谓“我不和没有表情包的人说话”。同时,在“斗图神器”“表情工厂”等一键修图的技术支持下,表情包制作的门槛不断降低,任何人都可以自由地制作表情包。可以说,表情包的生产离不开身体的介入,身体特征是表情包的基础和原型。表情包的产生和流行使得交流语言视觉化,弥补了文字交流的天然缺陷,解决了“身体不在场”交流的尴尬。现实肉身的在场性被表情包这种“在线的身体”所感知并存在,它可以传递身体的在场,能够有效地缩短心理距离。

(二)流行语中的身体景观

“iPhone6 腿”形容腿长且细,是对人双腿的借用;“葛优躺”“给跪了”是对人的身体状态的描绘;“土肥圆”“A4 腰”等则是对人的身体形象的描绘。在网络世界中,通过缩写、谐音、象形、拼贴、比喻、借代等造词方式和修辞手法,产生了大量的身体化网络流行语。网络流行语中既有隐含身体的能指,又有含有身体的所指,都隐含着不同的身体意象。网友通过对身体或器官进行编码,制造并传播着丰富的网络流行语。

在语言的发展历程中，身体的影子从未缺席，身体被以拼贴、隐喻等方式融入网络语言。尽管物理身体无法存在于网络空间，但身体意象一直镶嵌在网络语言中。在现代社会中，巴赫金“狂欢”的演绎已经不拘泥于现实社会，而更多地由现实空间转向虚拟空间，身体化网络流行语正是在网络语言表达的狂欢中产生的。人们随意地交谈，随意地使用身体化的网络用语。罗兰・巴特认为，身体是一种快感方式。当身体进入文本，便可以成为符号的激情，网民在使用身体化的网络流行语言时，可以获得某种快感。正如约翰・费思克所说，“大众的快感存在于它具体的实践、语境与生产的时刻”。在虚拟网络的语境下，个体浸淫在充满身体意象的话语之中，使用身体化的流行语进行社会交往，并参与话语体系的构建。身体化的网络流行语唤起了个人的身体意识，时常成为个体宣泄欲望的媒介。

（三）网络直播中的身体景观

网络直播通过视频交互的实时方式呈现“生活真实”，将日常生活纳入线上直播。不同于传统的网络平台，网络直播所呈现的媒介现实具有图像化、即时性和双向参与的特点，更加强调身体在场感，凸显出强烈的身体意识（谢俊，2019）。在网络直播中，身体成为主播的文化资本，身体由自然身体转变为消费身体。人的肉身通过直播媒介的视觉化“编码”，成为可供消费的身体景观。对于网络主播而言，特别是网络女主播，身体的商品化是其吸引、维持粉丝群体的关键。在全景敞视的权力下，女主播对身体进行规训，实现了女性身体的商品化。男性观众对女主播的身体充满着欲望化的想象，女主播则通过迎合这种想象来塑造自我的身体。

事实上，大多数主播的身体，都是经过精心设计和修饰的，以制造出更符合围观者审美的身体景观。主播在现实生活中严格管理着肉身身体，重视穿衣、化妆、健身，不断对身体进行美容和包装，对身体的技术性改造是满足围观者审美需求的产物。围观者是一个极其挑剔的群体，会对主播的身体评头论足，如“皮肤真好”“眼睛好大”“大长腿”，甚至会以打分来量化颜值，如 7 分、3 分、负分滚粗。围观者对主播身体的评价直接决定着粉丝数量，也决定着身体的商品价值大小。为了博得围观者的欢心，网络主播会对身体进行即时的规训，以生产出满足受众审美的身体图像。同样，也正是因为身体展演的资本价值，身体的表演牢牢占据了直播的镜头。

(四)短视频中的身体景观

在形形色色的短视频中,身体常被用来进行内容创作。如快手喊麦、社会摇,伴着魔性的 BGM,身体在镜头前歇斯底里地摇摆。海草舞也曾经风靡一时,伴着“像一颗海草海草海草随波飘摇”的音乐节奏,身体如海草般进行摇摆。在抖音上,高颜值女主播展现着自己的漂亮脸蛋与性感红唇,如当初一夜之间涨粉千万的“温婉”“代古拉 K”,凭借甜美的面容、性感的舞姿,迅速收获了大量的注意力。有才男主播则展示着自己的才艺,包括绘画、雕刻、烹饪等,如“酋长”“黑脸 V”“忠哥”等凭借各类才艺坐拥千万粉丝。相比之下,快手上的内容景观曾一度被称为“底层的残酷物语”,其用户主要来源于三四线城市以及农村。对于没有特殊技能的用户来说,身体就是最大的资本,也就造就了生吃猪肉、嚼火锅料、吞灯泡、跳冰河等奇观化的身体表演。

在戈夫曼的“拟剧论”中,关注的是日常生活里人们如何操演自己的社会形象,并且存在“前台”和“后台”。梅洛维茨在戈夫曼的基础上,提出了“中区”的概念,并指出在当前的电子媒介时代,更多的是“前台”和“后台”混合性场景,即“中区”行为是人们最主要的互动形态(周勇、何天平,2018)。新媒介的出现和发展,重新组织了人们表演的舞台,场景与地域的融合使得“前台”和“后台”之间的“中区”行为越来越明显。在短视频所构筑的媒介平台上,随着短视频内容创作的深入,大量的后台行为混合着“前区”行为,被搬上了表演的舞台,表现出以自黑、反叛、出格、不屑等为标签的中区行为。由于短视频内容对身体的攫取不断向后延伸,前台呈现的身体已经泯然在海量的内容世界里,中区身体成为一片充斥着越位的灰色神秘地带,吸引着人们的目光。

(五)沉浸式传播中的身体景观

在《第二媒介时代》(*The Second Media Age*)中,马克·波斯特(Mark Poster)认为,单向传播的媒介时代是“第一媒介时代”,双向传播的互动媒介时代是“第二媒介时代”。人类的传播方式不断发生变革,当前已经来到了“第三媒介时代”,即沉浸式传播时代(李沁,2013)。从阿里推出 Buy+探索电商购物新体验,到《人民日报》的两会新闻 VR 直播、《纽约时报》的 The Daily 360 视频平台项目等,沉浸式传播已经融入当前的传播实践。同时,2019 年的“两会”报道中,新华社推出了“新小萌”,是首位“AI 合成女主播”,封面新闻也推出了 AI 主播“小封”。在新闻报道中,利用人工智能技术、虚拟现实技术和 5G 技术,为观众营造出“身体在场”的切身体验，使得时间、空间和情感都进入沉浸的世界，能够大大提升新闻的传播效果。

沉浸式媒介借助人工智能、虚拟现实等新技术，营造出身体感官的沉浸体验。这是一个蓬勃发展的领域，也是未来媒介和传播方式发展的方向。它以身体为核心，将人的视觉、听觉、触觉和情感体验进行融合。在沉浸式传播下，人的身体形态和身体经验发生了巨大变化，身体的替代性经验被重新塑造。在虚拟现实技术对场景的构建中，有两个重要特征，一是它能通过“驯化时空”来模拟真实，二是它能通过“身体嵌入”模拟体验（谭雪芳，2017）。这正如保罗·莱文森提出的媒介技术演进的两个基本趋势，分别是“现实化”和“人性化”。虚拟现实通过身体嵌入从以往可看的图像变为可进入的图像场景来提升用户体验，延伸的不只是人的某一局部感觉，而是补救和补偿（林慧岳等，2011）了静态图像媒介的缺陷，通过对全面的身体嵌入，一方面，将身体肉身、身体感觉和身体意识等感知觉全面带入，产生在场的感觉；另一方面，在叙事上消解了观者和传者的区分，以第一人称沉浸于故事中，从而拥有了穿越时空的多维体验。

四、身体在新媒介空间中的建构方式

（一）现实与虚拟

随着新媒介技术的发展，人的身体得以脱离肉身，进入网络化的虚拟世界。人的身体既拥有现实世界中的肉身身体，又拥有网络世界的虚拟身体。虚拟身体是对现实身体的可视化呈现和虚拟身份的数字化映射，它削弱了人们在信息交往中对现实身体的依赖。

现实身体的虚拟化呈现。在人类传播活动中，身体始终贯穿媒介的发展。传播学者 A.哈特以身体、传播和媒介作为三个坐标矢量，将传播媒介分为三种形式：示现媒介系统、再现媒介系统和机器媒介系统。示现媒介系统对应的是口语传播时代，人与人之间的交流是“身体—身体”的面对面传播；再现媒介系统对应的是文字印刷时代，人与人之间的交流是一种中介化的传播；机器媒介系统对应的是电子传播和网络传播时代，传播完成了对身体的超越，即在人的身体之外发展出了完整的传播系统，对现实身体的依赖性减弱，甚至可以塑造和重构身体（陈翔，2012）。目前，我们所处的时代正是机器媒介时代，甚至是更为超前的时代，不仅仅是对身体的超越与回归，更是逐渐走向相互融合与嵌入的状态。新媒介技术的发展使得人的身体突破了肉身的局限性,横冲直撞地进入了虚拟网络空间。在网络空间中,身体完成了数字化复制,脱离了人的肉身存在。人们传播身体,也创造身体,人的身体呈现出不同的形态,身体的传播犹如“神经漫游者”,不受拘束地游弋在虚拟世界之中。

虚拟交往解构现实身体。在现实交往中,人与人之间的交往以身体为传播界面,即存在身体与身体之间的接触。而在虚拟交往中,人与人之间的交往是通过媒介进行的,交流双方之间的身体是被遮蔽的。在网络社会的虚拟交往中,现实身体被不断地复制,每个个体都可以拥有多个虚拟身体。人们在现实世界中只能拥有一种身体,但在虚拟交往中的身体是多重性的。虚拟交往解构了人的现实肉身,一是在时空维度上,人的身体不再受地理位置的限制,通过网络之间的连接,世界真正变为麦克卢汉所说的“地球村”;二是现实世界中物质身体的隐退,肉身身体被转变为数字身体,数字身体可以被改造为不同的存在形态;三是虚拟交往中传播的是被符号化的身体,身体成为消费的符号,不断卷入到视觉化的消费之中。在新媒介时代下,人的身体处在虚拟交往中,身体被不断地进行解构与再造。

(二)在场与缺席

身体的在场与缺席是一组相对的概念,两者处于不断交替的状态。“场”是一个空间的概念,从“身体”和“场”的关系来看,“身体”包含于“场”的空间中。在媒介发展史中,身体主体与媒介技术交互生成,影响着媒介形态和传播方式,也塑造着独特的身体形态。同时,身体的在场与缺席亦随着媒介形态的发展而不断变化,经历了身体在场—缺席—重新在场的交替过程。

从身体在场到身体缺席。在前口语时期及口语传播时代,人们彼此进行交流的时候,双方的身体互为对方的交流界面,社会交往需要身体的在场。伴随着媒介的发展,身体逐步式微:文字超越了声音,印刷取代了记忆,电子媒介取消了在场。正如人类学家芭芭拉(Barbara)所言,“从全球的范围而言,我们观察到一种可称之为正在进行的脱离身体的交流的现象”(芭芭拉、杨美健等,2004)。互联网尤其是移动互联网的兴起,为身体与地域的分离再次提供了一种全新的可能。由此,人类交往中的身体位置与场景分离开来,网络空间中看似处处弥漫着身体意象,但却背弃了真实的身体:传播场景中的身体只是复制的身体,甚至只是局部身体的放大。网络最大化地将真实身体排挤出交流的场域,“在线”和“隐身”这对网络词语无意中揭示了虚拟数字语境的真相:看似长期在线的交往身体，是虚拟的、拷贝的，而真实的、生理的身体却在比特的欲望中被隐匿、被驱逐。虚拟社会论者认为，网络社会是一个虚拟社会，缺席交往是虚拟社会的典型特征（蒋秀玲等，2015）。

从身体缺席到重新在场。人类的网络传播时代，一方面进一步制造了身体的缺席，另一方面也试图恢复这种整体的身体知觉场。但这种全新的身体场已不能再返回到原始的状态，取而代之的是媒介空间所构建的"虚拟身体场"。虚拟身体场中的身体是一种虚拟的身体，是一种缺席的身体。按照身体缺席/在场的模式，在电子和网络传播时代，网络交流的双方均是身体缺场的。但这一缺席的身体，实际上却产生出了奇特的身体感觉，与日常的身体感知所形成的身体感觉，在效果上具有完全的相似性。也就是说，如果我们不追究这种身体感觉产生的机制和根源的话，虚拟身体替代了现实身体在场的感觉。电子和网络媒介的发展经历了从低可视化社交媒介（Lowly-visual Social Media）到高可视化社交媒介（Highly-visual Social Media）的过程，这一媒介发展逻辑即是为了实现人与人交流的虚拟在场，它"弥补了物理空间的缺场，技术化身的出席代替了血肉之躯的隐退"（刘婷，2018）。在人类传播媒介发展的过程中，尽管经历了身体在场—离场的过程，在场与缺席不断进行缠绕交织，但人们一直在寻求着身体的在场性交往。

（三）自由与规训

在视觉化媒介高度发达的媒介社会，视觉图像消费越来越成为大众消费生活的一种基本方式，而身体图像无疑为这一现代消费生活提供了一场颇富新意的视觉筵席。身体景观发展成为当代社会一道引人注目的消费景观，这一被景观化的身体构成了一个醒目的视觉审美符号，它既指向身体的一种自由解放，又是对身体的另一种全新的规训。

被规训的肉身。福柯认为，身体是知识、权力和真理规训的对象，是社会建构而非自然的产物。所谓身体规训，是一种使人体变得更顺从、更有用的机制、技术和关系（伍小涛，2015）。传播权力视野下的身体规训，与以往直接的身体惩罚相比，更具隐秘性和技术性。对于网络媒介中的身体规训，规训的场合由实体空间转移到了网络空间，这种规训可以随时进行。在某种意义上，围观者对于身体表演者的围观是一种凝视权力，正是围观者对于表演者的凝视，肯定了表演者的主体性存在。另外，媒介的高度发达赋予了个体价值和自由空间的极大尊重，被凝视者对围观者的迎合并非完全被动，其具有一定的自主性和能动性,甚至可以说是主动成为凝视的他者。这种“主动行为”的身体表达,实质上是一种自我的规训。表演者通过对身体的自我规训,获得围观者的注意力,以此获得经济利益和精神满足的报酬。

新身体的塑造。随着消费社会、后工业社会以及信息社会的兴起,身体图像大面积、近距离地铺天盖地而来,大批量精确复制的身体以视觉图像的形式呈现在我们面前,构成了视觉转向中让人震撼和惊叹的身体景观。在这场具有全新意义的“感性的革命”中,制造了新一轮“看”与“被看”的身体消费模式。身体景观在网络世界中的迅速崛起,使得被压抑的身体获得了重生的空间。人们的眼睛总是在积极地寻找欲望所要求的东西,而身体图像恰恰提供了这样一种媒介现实。对身体的审视需求释放了身体被压抑的本能,人们开始热衷于展示自己的身体,通过网络图像和影像,生成了大量包含身体意象的文本内容。身体获得了新的主体性地位,投射在网络空间中的身体景观,实质上是人们身体主动生产的过程。人们已经不满足肉身的简单复制和展示,而是借身体图像实现自身表达、获得认同以及创造经济利益。被解放出来的身体突破了单向度的肉身,建构成文化身体、社会身体,成为一种社会性的身体资本。

五、身体在媒介与传播中的未来

(一)赛博人:人与技术的融合

“赛博格”(cyborg)的原意是指,为了让宇航员在外太空能够生存,而设想的提升身体性能的技术手段。唐娜·哈拉维(Donna Haraway)对“赛博格”的概念进行了再阐释,它成为表征人类身体与技术关系的重要概念之一。进入21世纪的互联网时代,新媒介与身体相互嵌入,难以分割开来。比如离开手机,人就像被斩断了感知器官,被剥离出了社会生活。媒介技术全面介入人的身体,人们的日常生活变得赛博格化,人变成了“赛博人”。汉森·阿森鲍姆(Hans Asenbaum)认为,智能手表、智能手机以及虚拟现实设备与人的身体现实了融合,人的身体成为被数据浸润和包裹的身体(Asenbaum & Hans,2017)。甚至不需要被植入任何芯片,也不需要复杂的可穿戴设备,人的身体就已经赛博格了(Clark,2003)。

未来人的身体是技术身体。一是人们可以对身体进行自由改造,不仅仅是通过整容、化妆、健身等外在手段,还可以借助基因技术、生物技术对人的身体进行重构，人的身体器官可以自由选择，甚至改变繁殖和生存方式，人的身体可以进行工业化生产；二是人的身体意识被技术所控制，人的意识感受不到技术的存在。被生产的身体作为一个信息体，所有的数据信息都由控制中枢系统来管理。沉浸式传播技术的进一步发展，使得人被技术所营造的环境笼罩，如“楚门的世界”一般，人生活在技术所构造的虚拟世界之中。未来的技术是具身化的，人工智能技术对人的模仿进一步深化，技术是“人化”“身体化”的技术。雪莉·特克尔(Sherry Turkle,2012)认为，仿生机器人的不断发展，改变了人机的交流形式。如微软“小冰”，从最开始的“一窍不通”到如今已拥有了深度学习能力，可以扮演多种拟人角色，与人沟通、情感陪伴。新媒介技术不断对人进行改造，技术逐渐介入人体，人和技术之间逐渐融合，人的身体变成了技术身体，未来的社会可能就是“赛博人”的世界。

(二)沉浸媒介：身体与媒介的共生

随着人工智能、VR/AR 等新技术的发展，我们被迅速卷入一个沉浸式媒介时代。可穿戴设备是最具代表性的身体化的沉浸式媒介，经过数十年的发展，可穿戴设备已经被人们广泛使用，如智能手环、智能手表、谷歌眼镜，以及 AR/VR 眼镜等，都是可穿戴智能设备。可穿戴智能设备极大缩短了人与媒介之间的距离，人与电视媒介的距离在 3～5 米，人与电脑和手机的距离是 0.2～0.5 米，而人与可穿戴智能设备的距离接近于零。可穿戴智能设备改变了人与媒介之间的空间距离，将人与媒介融合为一体，身体与媒介是一种共生的关系。马克斯·韦伯提出了关于“网”的文化观念，吉尔兹借用这一概念指出，人类是悬挂在“网”上的动物。沉浸式技术媒介的广泛使用，就像是一张大网，人类的生活世界被这张“网”包围着，人的身体上以及周围都是遍在的可穿戴的沉浸媒介。

未来的沉浸式媒介是身体与媒介的共生，沉浸式媒介以人的身体为基础，人的身体在沉浸式媒介中存在。在传统媒介中，眼睛用来阅读、看电视，耳朵用来听广播、听音乐，不同感官之间是被分离的；而在沉浸式媒介中，人的感知觉被垄断，听觉、视觉和触觉等都被整合在了一起。在沉浸式传播中，通过 VR 技术生成的虚拟现实场景，使得受众拥有了身临其境的现场感，虚拟世界和现实世界发生了融合，传播媒介的中介角色被弱化。未来的沉浸式媒介将是更加精巧化的，不受空间限制的，可穿戴设备真正能像衣服一样日常化存在。在未来的传播方式中，沉浸式传播将实现人的数据身体的在场性。

(三)身体即传播：新的身体存在方式

从媒介发展史来看，人类经历了口语、文字、印刷、电子以及网络传播时代，每一次媒介形态的变化，都为人类社会的传播方式带来了巨大转变。这一媒介变化过程，体现出的也是身体的肉身在场、离场的过程。无论传播形态如何变迁，人类传播所关涉的核心问题，都是人的身体的传播问题。在新媒介网络中，人与人之间的关系是连接，每个个体都是互联网世界中的一个节点。每个节点所对应的都是一个人，节点的位置即身体在互联网世界的位置，不同节点之间的互动所映射的是身体主体之间的互动。在网络世界中，身体是透明的，是一个数据的集合体。通过人身上的智能设备，如智能手环，可以记录人的健康信息，智能手表可以将人与时间连接，VR眼镜将人与虚拟空间连接。未来人的身上将布满传感器设备，人的位置、动作、神情等都作为数据信息被收集、存储在服务器中。在认知神经科学的视野下，人的神经和思维引起的电位波动，也能够被准确分析和判断。人的身体是一个数据身体，行走在自然社会中的肉身，是一个移动的数据存储器，身体是信息化的数据态身体。如智能手机改变了我们身体的日常姿态，通过“注重用户体验”不断激发出新的身体体验。手机通过记录人体运动轨迹、监测身体健康状况、智能识别人脸等技术，使人的身体渴望得到更多的欲望体验，不自觉地臣服于手机的隐形指令，主动地将身体与手机进行嵌入式连接。被信息精确绘制的身体是透明的，身体被重新编码和解码，身体数据的改变和重置都会反馈到数据控制中心。人的身体在现实世界中存在，也在虚拟世界中存在，人的身体就是虚拟与现实的连接界面，现实世界与虚拟世界之间可以实现互动。在当前的新媒介空间中，身体既作为传播对象，又作为传播媒介，还作为传播叙事的动力存在着。在万物皆媒的时代，人的身体和媒介逐渐融合，二者在相互渗透中自我进化。随着人工智能、大数据等智能化媒介技术的发展，人的身体在传播中角色会更加重要，传播即是身体的传播。

六、结语

当前我们正处在媒介技术高度发达的时代，身体在网络化空间中获得了解放。这是一个越来越身体化的网络社会，人的身体已然成为一道靓丽的媒介文化景观。数字化的虚拟身体改变了人们的交往方式，削弱了对身体在场的依赖，由此构成了一种肉身身体缺席而虚拟身体在场的新型交流方式。在新媒介环境下，身体、媒介和传播三者是统一的。“传播从身体中来到身体中去，身体性决定了传播性。”正如孙玮所说，传播就是编织关系网络的身体实践，传播媒介不是撇开身体、外在于主体的工具，而是与身体互相建构，融为一体。传播媒介的发展影响着身体在传播活动中的沉浮，而身体也在形塑着传播媒介的发展。未来的媒介是人性化的、身体化的，是朝着智能化、具身化方向发展的，沉浸式传播将成为未来主流的传播方式。

在新媒介时代，身体在传播活动中不再是被剥夺的，而是成为传播的主体，既作为传播的信息本身，又作为与他人、世界交流互动的传播媒介。人的身体在新媒介空间中的景观化传播，是一种后现代式的身体生产和消费模式，充分彰显出了其消费性、视觉性等特征。身体与消费主义、视觉文化的关系日趋复杂，对身体的认识和理解也成了人们普遍的焦虑。身体不再只是人存在的物质基础，更是一种诱人的消费品，成为彰显后现代文化的精神符码。身体在创造出传播价值的同时，也产生了对身体的异化现象，身体被物化、被工具化、被欲望化，陷入了身体解放的悖论。因此，从传播学视角对身体反思性进行研究，将促使我们重新审视身体问题与身体传播的价值，能够为窥探未来传播方式的新变革及新媒介发展的新趋势提供独特的观察视角。

参考文献

布莱恩・特纳(2000),《身体与社会》(马海良等译)。沈阳:春风文艺出版社。

陈翔(2012),《论媒介系统与身体之关系——基于A・哈特的“媒介系统论”》。《西南民族大学学报》(人文社会科学版),第9期,页159-162。

蒋秀玲、李棉管、安佳乐(2015),《空间切换:网络流行语生产的社会机制》。《人文杂志》,第12期,页119-125。

居伊・德波(2006),《景观社会》(王昭风译)。南京:南京大学出版社。

李沁(2013),《沉浸传播:第三媒介时代的传播范式》,北京:清华大学出版社。

理查德・舒斯特曼(2011),《身体意识与身体美学》(程相占译)。北京:商务印书馆。

林慧岳、夏凡、陈万求(2011),《现象学视阈下“人—技术—世界”多重关系解析》。《东北大学学报》(社会科学版),第5期,页383-387。

刘婷(2018),《在线社交中的身体悖论》。《新闻界》,第10期,页65-74。

马克・波斯特(2005),《第二媒介时代》(范静哗译),南京:南京大学出版社。

梅洛-庞蒂(2003),《知觉现象学》(姜志辉译)。北京:商务印书馆。

斯蒂文・贝斯特,道格拉斯・科尔纳(2002),《后现代转向》(陈刚等译)。南京:南京大学出版社。

孙玮(2018),《赛博人:后人类时代的媒介融合》。《新闻记者》,第6期,页4-11。

谭雪芳(2017),《从圣像到虚拟现实:图像媒介学视角下虚拟现实技术智力美学》。《福建论坛》(人文社会科学版),第6期,页169-176。

伍小涛(2015),《论福柯的身体政治思想》。《贵州大学学报》(社会科学版),第4期,页19-26。

杨亭(2005),《德波的景观社会批判》。《西南师范大学学报》(人文社会科学版),第2期,页165-168。

约翰·奥尼尔(1999),《身体形态——现代社会的五种身体》(张化春译)。沈阳:春风文艺出版社。

约翰·费斯克(2001),《理解大众文化》(王晓珏等译)。北京:中央编译出版社。

周勇、何天平,《"自主"的情境:直播与社会互动关系建构的当代再现——对梅罗维茨情境论的再审视》。《国际新闻界》,第12期,页6-18。

Asenbaum, Hans (2017). *Cyborg activism: Exploring the reconfigurations of democratic subjectivity in Anonymous*. New Media & Society, 11(4), 1543-1563.

Bryan S.Turner(2006). Logic(s). *Theory Culture & Society*, 23(2), 87-93.

Clark, A (2003). *Natural-Born Cyborgs: Minds, Technologies, and the Future of Human Intelligence*. New York: Oxford University Press.

Sherry Turkle, S. *Alone Together* (2012). New York: Basic Books.

Mitchell, W.J.T., Hansen, Mark B.N.(2010). *Critical Terms for Media Studies*. Chicago: University of Chicago Press.

土味短视频用户乡愁动机的三维展示

Three-Dimensional Display of Local Video Users' Nostalgia Motivation

◈ 李梦雨*
Li Mengyu

摘要：土味短视频备受大众喜爱，凸显的是其赋予不同身份的用户突破性别与阶级的情感共鸣，反映了大众的真实社会需求与共同价值取向。本文通过使用与满足理论框架，以“用户为什么喜爱观看土味短视频”作为主要问题，结合深度访谈法对城镇居民、农业转移人口、乡村居民展开调研。研究结果发现，观看土味短视频会带给用户群体共通的乡愁感受，但这种乡愁情感的具体社会生成因素与社会想象呈现，会在不同用户群体中分化出不同的表象，具体可分为：想象的乡愁、回忆的乡愁、展演的乡愁。

Abstract: Behind the popularity of the local short video, the highlight is that it gives users of different identities a breakthrough in the emotional resonance of gender and class, reflecting the real social needs and common value orientation of the public. Through the use and satisfaction theory, this article focuses on the "why do users like to watch local short videos?" and conducts a survey on urban residents, agricultural transfer populations, and rural residents in combination with in-depth interviews. The results of the study found that the local video will bring the same nostalgic feelings to different user groups when viewed. The specific social generation factors and social imagination of this nostalgic emotion have differentiated different results among different user groups. Divided into: nostalgia for imagination, nostalgia for memories, nostalgia for performances.

---

* 李梦雨，深圳大学传播学院2020级博士研究生，研究方向为新媒体传播。

关键词:土味短视频,用户,使用与满足理论,乡愁

Keywords:local short video,user,use and satisfaction,nostalgia

伴随着网络技术的升级换代,短视频已经走入千家万户,成为人们接收信息、休闲娱乐的第一选择。2011年,美国兴起了最早的移动视频平台App——"Viddy",新浪微博也于2013年8月率先推出"秒拍"内置功能。根据《2016年微博短视频行业报告》的数据,2016年短视频在微博平台的播放量峰值达到23亿次,人均播放时长15.2分钟,每天发布量达32万条。自2017年伊始"抖音"横空出世,短视频用户人数急剧增多。中国互联网络信息中心(CNNIC)于2019年8月30日发布的第44次《中国互联网发展统计报告》的数据显示,截至2019年6月,我国网络视频用户规模达7.59亿,较2018年底增长3,391万,占网民整体的88.8%,短视频入侵正在当代网民的全部网络空间,演变成呈现日常生活与社会文化的一面镜子。而在短视频的浪潮中,土味短视频这一视频种类也在形成自己独特的受众圈层后,以快手、火山、抖音等视频软件为平台,赢得"热度出圈",获得极高的用户关注度,进而发展为一种社会土味文化风潮。

在热爱观看土味短视频的用户认知中,土味短视频是一种带着"土气""乡气""农村气"的,具备鲜明田园特征与农耕文明形态的"原始"文化产品。而其中最重要的要素乡土文化,也正是通过这类土味短视频扩散至各个用户群体,向互联网文化中的精英阶层展示了社会的多元化与文化的本土性。这在一定程度上体现的既是互联网文化沟壑中底层用户获得的"庶民的胜利",更是一种网民用户大规模的集体"寻根"。

关于土味短视频的"使用与满足"研究虽然在近年呈现快速增长趋势,但是多数采用以定量研究为主的研究方法,在宏观层面探讨用户与平台之间的关系发展,以提出短视频发展的策略、建议,缺少站在用户的角度,对各个不同用户群体需求进行划分,找到不同用户群体使用短视频的痛点,从而在微观层面解决"用户为何使用土味短视频"这一问题。本文在使用与满足理论框架下通过深度访谈的形式,对不同身份、生活环境、年龄层次、学历层次、居住地、性别的用户进行关于其喜爱土味短视频的原因探析,试图从共时性的角度描述不同形式的乡愁,从而展现土味短视频用户群体的群像特质及其背后的阶层表述。

一、土味短视频中的土味呈现

本文所涉及的土味短视频是一种内容和拍摄风格都更偏向于"从群众中

来，到群众中去”的，贴近生活的、原生态的“土味”；是一种由三四线城市或乡村居民所生产出的原生态的内容创作产品。一方面，此类土味短视频以一种大众文化产品的身份维系着城市与乡村之间的文化联结，同时又因其“土”“猎奇”“不高级”等特点成为大众流行文化下移的文化产品之一；另一方面，它是联通中国当代城乡社会关系的节点，以其区别于城市文化的、传统的、质朴的景观营造，为大众呈现出一种独特的视觉空间。

（一）土味短视频中的土味文化要素

按照文化的广义概念，土味短视频中的土味文化要素可以简单划分为物质产品要素与精神产品要素。物质产品要素的主要构成部分为自然景观、物品或物产的人工生产。静态场域传播了山水田园的美丽，动态场域“对于城市网民来说是稀缺的，引人入胜的”（韩春秒，2019）。

精神产品要素包含风俗、节日、婚丧嫁娶等仪式文化以及剧情表演等偶像剧情节。在土味短视频的精神产品要素中有一种具备典型性的，可被称为“滥觞”的精神文化产品——社会摇。在早期，社会摇因其猎奇、洗脑、光怪陆离的音乐、排列和舞步不仅在线上被许多乡镇青年追捧，更在线下集结了众多爱好者，形成了粉丝团体，例如早期的引领者“牌牌琦”“吉吉国王”等。随着土味短视频的多样化发展，以及“风清气正”的互联网法治条例的出台，这一类具有聚众性质的视频逐渐被各大平台下架。这种毫无章法的聚众舞蹈用身体狂欢的表象来替代阶级狂欢的本质，“狂欢化的世界上，一切等级都被废除了，一切阶级和年龄都是平等的”（巴赫金，1998）。这种身体狂欢以及冲破城市中产阶级传统审美的“土”带给当代城市年轻人心理上的愉悦，导致社会摇在早期被戏谑式点赞以及如今的“文艺复兴”。

（二）土味短视频中的土味形式特征

伴随着移动端短视频的发展，世界被越来越多地以图像乃至短视频的形式呈现在人们的生活中。“从本质上看，世界图像并非意指关于世界的图像，而是指世界被把握为图像了……这一回事标志着现代之本质。”（海德格尔，1994）人们透过这个读图时代来观察世界、观察他人、观察自己，越来越多的图像出现在生活的方方面面，逐渐转变为一种生存方式与生活状态。土味短视频中的土味视觉化元素可具体区分为“物”与“人”两种，并且许多视频的视觉呈现方式也会出现分化，前者大多会给予用户“恬淡”“寂静”“清幽”“仙境”“怀旧”“原始”等远离城市喧嚣和现代都市文明的静态的桃源幻想,后者则会以一种更加鲜活、生动、刺激性强的动态视觉冲击出现在用户面前。

视觉化的土味要素在土味短视频中呈现出碎片性和整体性两大特点。一方面,当城市文明的快节奏将生活切割成无数碎片时,卢炜(2009)指出,用户的习惯性视觉模式也从拉康的"凝视"转为了后现代性的"瞥",这也正是短视频之所以崛起的重要原因:它以快餐式的信息输出模式给予用户最省时、最易于呈现的信息传输模式,并且可以根据用户自身属性来对短视频给予的海量信息进行挑选,任意解读,形成自己感兴趣的方面,进而满足日常需求。这就使得短视频的信息传播延伸出了更多的触角,制造了更多的话题,也使得人们在社交平台上可以进行更深入的沟通,产生情感共鸣。另外,对乡村和土味的记忆从宏观来说可以看作是一种集体记忆般的存在,中国人对乡村的情节有着悠久的历史传承。在20世纪20年代的乡土文学中,乡村被赋予了时代责任的重担,其后20世纪八九十年代的"寻根文学""怀旧运动"给予了乡村对过去的批判与对未来的思考的任务。伴随着这种对乡土的文化记忆,土味短视频中所蕴含的"乡村文化",在通过土味要素展现出来时,对用户来说便是一次完整的情感回溯。

二、城镇居民:想象的乡愁

学者章伟文(2017)在谈到乡愁的产生时提出过一个问题:人们大力发展物质文明的初衷是什么呢?在我们看来,物质文明的发展不仅是人类进步的要求,也是人类不断满足自身精神文化发展的需求。然而在物质文明不断完善的今天,这个社会上最重要的元素——"人"却被逐渐淡忘,人们越来越清楚自己怎样才可以让生活舒适、便利,却逐渐迷失在了这种追求物质的能力之中。"如果我们在城市化过程中,没有文化与价值的指导与引领,势必走向冷冰冰的物化过程。这种冷冰冰的物化必将逼仄、压迫人的心灵,导致人的异化。"(章伟文,2017)在这种环境中诞生的乡愁正是城镇居民在物质文明中探寻内心的一种方式。对于城镇居民来说,乡村是一种时近时远的存在,在物理空间上它围绕在城市周边,但在认知层面上都市人却只拥有从媒介中得到的信息,那么这种乡愁是从何而来的?又围绕着什么展开?会产生何种影响呢?

(一)表面的亲近:"入"乡的认知与行为

在城镇居民的想象中,乡村更像是一个充斥着典型符号的物质空间集合体，偏向于“nostalgia”这个词源下的乡愁研究。在这个系列研究中，贝尔克(Belk，1900)与霍尔布鲁克(Holbrook，1993)都指出，乡愁已经成为一种对过去的渴望与怀恋，是一种怀旧，通过不同的符号象征以及物质空间进行表达与发现；安德森(Anderson，1976)指出，这是为了传达对一种不再存在的或是从未存在过的理想环境的憧憬，即城镇居民将物质要素和文化要素进行统一整理，比照土味短视频中经过剪辑处理后的乡村重新进行自我建构，从而营造出一个从未存在于时间中的想象性空间。

1.城镇居民对乡村的形象认知

在对物质要素的认知中，农村的典型自然景观(山林、溪流)与人造景观(房屋、农田)，共同构成了城镇用户对乡村的物质要素认知。在对这些典型性物质要素的认知中，乡村形象始终是与“土”联系在一起的，而区别也只在于对“土”这个词的不同释义与态度上。这不单是土味短视频为城镇用户塑造的乡村形象认知，更是之前用户的固有印象叠加而成的。乡村的物质要素在城镇居民的认知中始终是“土”，与现代化、“雅”“洋”相对立的带有一丝老旧与刻板的土气。

在乡愁中，乡即家乡之含义。而对于家乡，费孝通先生有个传神的说法：“提到我们的用字，这个‘家’字可以说最能伸缩自如了。‘家里的’可以指自己的太太一个人；‘家门’可以指伯叔侄子一大批；‘自家人’可以包罗任何要拉入自己的圈子，表示亲热的人物。”(费孝通，2006)这种血缘亲属共同体结构构成了中华民族的“家”之意涵。所以在对文化要素的认知中，城镇居民首先提出的正是这种共同体的解体，他们认为自己现在所说的“家”是一个单独的个体，而非乡村中的整体“家族”的含义。在生活空间之上，城镇居民产生了一种相对隔绝，费孝通先生称这种隔绝为“地方性”，“指他们活动范围有地域上的限制，在区域间接触少，生活隔离，各自保持着孤立的社会圈子”(费孝通，2006)，在这种解体的背后蕴含着一种感情的缺失与期盼。

乡村在城镇居民的认知与想象中是蒙着一层纱的缥缈虚无，但又是隔着屏幕、书本，甚至是贫瘠破旧的屋檐瓦舍后的真实存在，这种突兀的碰撞所塑造的“土”的、“环境好”的、“人多”的、“传统”的、“自由”的，是所有在城市里失去的元素集合体的想象。

2.城镇居民的“入”乡行为

“入”可以等同于“下”，概因城镇居民虽然是向往乡村的，并且大多数被访城镇居民对乡村通过土味短视频的认知目前也是较为美好的，他们表示比起城市更愿意去乡村休闲娱乐、养老、生活，但在他们心里，自己的身份定位仍然是

“城里人”。约翰尼斯·费边(Johannes Fabian,1983)认为,一种人类学家所讨论的时间与他者的关系在此处完成了一次明显的拉开彼此距离的结构性映射,且极为清晰,去乡村也只是去那个美好的想象场景里完成对自己的放松与“救赎”,他们并未打算融入真实的乡村。所以这个“入”乡,只是对其间接的在想象中给予其乡愁的“乡”的向往,基于这份向往,城镇居民往往会通过旅游、购物、短住、体验生活等消费方式来完成。

在此类消费行为中透漏的另一层含义是自我身份的迷失。在对乡愁的探寻中,现代都市人追求的是一个寄居于传统文化整体中的个体自我,现代社会使人的流动性增强,融化了人们的身份,而使身份明确的唯一方式即消费,即鲍曼(Bauman,2007)所说的“消费者社会”。大众在消费中一次次给予自己存在的意义,融入一个个团体,获得一种种身份,用消费行为缓解身份虚无的焦虑感。赵旭东(2019)提出了城镇居民是站在一种“文明的话语权”之上的,虽然他们明显划分出了乡村和城市身份的区隔,但是当他们在急剧发展的都市中无法找到自我身份时,他们便会力图用消费的方式来寻找乡愁,从而在传统文化、农业文明中找到自己的群体性身份与自我。

(二)实质的看客:自我塑造的理想空间

人们发明文化是为了满足自身的需求,文化产品亦如是。被城镇居民想象出的乡村,则可以看作一种文化产品,被“打扮的”乡村往往更招城镇居民的喜爱。因为“乡”是“被打扮的”,所以当城镇人口生活于城镇之中并划分出明显的城市乡村身份区隔时,他们眼中的“愁”也只局限于都市文明、城市生活所给予的不满。至于真实的乡村,这个落后、贫瘠的物理空间所带来的“愁”不仅不是他们所认可的“愁”,更是他们成为乡村看客身份的重要区分。

1.逃离城市化进程中产生的问题

乡愁是一种反思与表达,“即现实的存在与心中的价值理想存在差距,此‘差距感’进一步带来‘失落感’,由失落而有惆怅,从而诞生了乡愁”(章伟文,2017)。对于一直生活在都市中的城镇人口而言,城镇与土味短视频中的乡村呈现存在巨大的差距,视频中的乡村环境是“开阔”“清新”“原生态”的,饮食是“安全”“健康”“无污染”的,住所是“传统”“便宜”“有特色”的,人们是“淳朴”“亲近”“勤劳能干”的。可见这些差距正是都市生活中所缺失而城镇人口所向往的,这种“价值理想”因无法被填补而产生的失落是城镇人口“乡愁”的重要生成原因。

2.介于真实乡村与城市之间的记忆空间

城镇人口对真实乡村是有一定认知的，他们知道有些地方是贫瘠、落后、生活困苦的，但是这种形容词之下的生活实况是什么样子，他们却几乎一无所知。伴随乡村振兴，那些还处于滞后状态的乡村也在城镇人口的认知中被披上了一层传统文化的外衣，千篇一律的“古镇”“古街”“大院”“民俗”将所有的特色变为了简单的建筑、器物与食品上的区别，土味短视频为了迎合受众的喜好，最多的品类也是食品制作、器物制作，乡愁的载体和已有的文化意义都变为了刻板的，而城镇人口的乡愁也理所当然被限定在了这些刻板的物质层面上。

基于此类物质层面而生的乡愁，不可避免带有共同的文化记忆。陶成涛(2015)指出，文化记忆是一个介于客观文化事物或文化现象(客体)与社会群体或个体(主体)的中间存在，通常也被称为“文化记忆场”或“文化记忆空间”。2013年12月12日，习总书记在中央城镇化工作会议上的讲话中提出：“要让城市融入大自然，不要花大气力去劈山填海，很多山城、水城很有特色，完全可以依托现有山水脉络等独特风光，让居民望得见山、看得见水、记得住乡愁。”“记住乡愁”一词正是唤醒大众对于乡愁的一种文化记忆的情感意识，而这种文化记忆不仅会给予我们寻找自我意义的支撑，更会给予我们一种现实建设的力量，正如《新华日报》所言：“乡愁，是一种诗意的生活方式。人与历史、人与城市是一种对象化的观照关系，一个人在怀旧中，可以获得巨大的反思力量，完善自我，完善城市，从而达到诗意的栖居。”

城镇人口想象中的乡村虽然与真实的乡村存在一定差距，但是因其共同的民族历史性格和文化心态所形成的文化乡愁却是较为一致的，也和这一乡愁生成主观、客观原因的群体性有着很大关联。在城镇人口的乡愁中所想象的乡村是一种具有代表性的、象征意味的、符号化的乡村，这一“理想国”是他们的精神乐土，是逃离真实环境的理想家园，同时他们也认可在这种“理想国”内可以寻回自己的本真与初心，找到新的自我认知与情感的归宿。

三、农业转移人口：回忆的乡愁

在农业转移人口的乡愁中，乡村既是一个现实存在的物理空间，又是一个承载着过去的记忆空间，而蕴含在其中的“愁”大致可分为三种：有家难回，无家可回，有家不想回。林海音曾写到幼年在“北京城南”的生活：“我是多么想念童年住在北京城南的那些景色和人物啊！我对自己说，把他们写下来吧，让实际的童年过去,心灵的童年永存下来。就这样,我写了一本《城南旧事》。”(林海音,2008)乡愁对于林海音而言是一份在时间轴上已逝去但仍舍不掉的回忆与念想。而鲁迅在诉说起他的乡愁时却是这么说的:“我所记得的故乡全不如此。我的故乡好得多了。但要我记起他的美丽,说出他的佳处来,却又没有影像,没有言辞了。仿佛也就如此。于是我自己解释说:故乡本也如此,虽然没有进步,也未必有如我所感的悲凉,这只是我自己心情的改变罢了,因为我这次回乡,本没有什么好心绪。”(鲁迅,2010)乡愁对于鲁迅来说是一份难以言说的艰涩,记忆里的故乡是贴近的,而现实却是一个陌生的物理空间,置身处地时只感到距离与逃离。

(一)旧时光:短视频建构的乡村场景

“美不美,家乡水;亲不亲,故乡人”,农业转移人口的乡愁正是建构在这片故乡之中。这里的故乡不只是他们出生的地方,更确切地说应该是他们在进入城市居住之前,曾经长期生活过的一个物理空间,即被称为“父母之邦”的文化与精神家园。与城镇人口的乡愁相同的是他们都将这一情感寄托在记忆空间里,但不同之处却在于农业转移人口的“故乡”是存在过的空间实体,他们对于乡村的想象往往带有一丝过去的、自我刻画的、美好的回忆,但是却又深刻了土味短视频之外乡村的本来面貌。

1.被刻画的典型性乡村记忆符号

在观看土味短视频时,农业转移人口更多在意的是一种熟悉感,他们会将视频中给予他们熟悉感的元素进行简单的符号化处理,再结合自身记忆将其放置于对自己故乡物理空间的想象之中,从而在这一元素的叠加中形成自己独特的乡愁。此外,在访谈中,笔者发现有一个共同的特点:延续性,即这些乡村记忆符号的唤醒不是单纯的某时某地发生了这件事,往往会伴随着“后来”“上学后”“离开家后”“长大点后”生成一个完整的记忆过程。并且,这些记忆符号中还存有一种值得探讨的趋同性,即看到视频中某一带有普遍意味的元素后,如石板路、水塘、山道、大铁锅、瓷碗等,哪怕记忆中的故乡并不存在关于其清晰的影像,但用户还是会在自己的回忆中将这些元素进行添加,从而构筑出“似是而非”的故乡环境。

2.“根系式生存”的结构与时间意涵

如果说农业转移人口的乡愁是一种回忆,那么它更偏向于时间维度上的情感,不论是个人回忆还是集体记忆都是一个群体在时间轴上的独特情感体系,这一独特性正是其身份区分的标志。卡西尔(Cassirer,1992)用神话意识来说明时间维度所带来的独特性:“时间直观是神话意识得以存在的重要条件。自然意义的时间在本质上是无间隔的、无始无终的、均匀流逝的,但神话时间却包含起源、变化、阶段和目的。”在这种回忆的情感体系之上构筑的是一个家族、家乡的血缘体系,只有在共同拥有这一载体的基础之上才可能拥有回忆这种具备独特性的感情。“根系式生存”中的根正是对血缘关系的确切概括,用户在访谈中也多次谈到“根”这一词汇,例如“一个人要有自己的根”“我的家乡就是我的根”“人总要落叶归根的”“生活一辈子走不出来的根”,等等,被访者也都会认为根是一种情感的最终归属与寄托。

此外,这种传统在时间轴上往往是交替往复的。会不断地有人将某种记忆、文化、物品传承下去,从而形成一个具备共同特性的群体。而个人无论相隔多远,最根本的文化身份也是建构于这一“根系式”之上,他会因此而铭记之前的传统与先祖,从而铭记这片土地带给他的深刻意涵,最终也会将自己的身份建构更加融入自己的家族或是家乡。

(二)新生活:城市文明与乡土文化间的身份失衡

农业转移人口在城市的生活相比其在乡村时,物质条件有增无减,但是精神压力却急剧增大。一方面,因为遵循着“根”在乡下的文化传统,以期能够减少在城市中的孤独感并找到群体;另一方面,又因为想要在城市中“扎根”生存,不得不面临着高昂的日常开销与一个“城市陌生人”的新身份建构。这种移“根”行为带来的不仅仅是对于新生活的不习惯,显现的更是在新生活中农业转移人口对身份认知即自我内在认知的一种失衡:究竟哪里算是根?要如何寻找到新的生存意义?怎样来区分自己是城里人还是乡里人?还愿不愿意再回到乡里?逐渐成为他们寻找新自我的问题。

1.城市文明带来的“漂泊式生存”

“漂泊”是一种无“根”的状态,在物质空间上反映出的则是一种“暂时性”的居住与生活的生存方式。这也正是绝大多数农业转移人口在城市中的生活状态:他们没有属于自己的房屋与家庭,没有属于这个城市的身份证明和与城市人口同等的福利待遇,没有自己的人际圈子和人际环境,这座城市在相当长的一段时间内都是他们暂时停靠的一个点而非一个家乡的替代品。

李河(2018)指出,“漂泊”也使他们偏离了血缘亲属共同体和邻里熟人共同体这个人际网络,而人往往是在群体中产生与其他人的勾连和关系时才能产生身份建构,从而给予自己一个标签化的身份。一个人可以拥有多重身份,但最本质的还是从他一诞生于这个世上时就拥有的身份标志,即他的家族与家乡。也是这种脱离了人际网络的“漂泊”,让农业转移人口偏向于建立各种老乡会,以及将自己的直系亲属接到城里等营造群体的行为,但是这些方式提供的仅是心理上的补偿与安慰,在属于自己的这一代人之中他们永远与城市隔着一层“漂泊”的薄雾。而能让他们明确自己身份认知的则是暂时性或者替代性地回到原先的家乡,例如过年时节回乡与同村人攀谈,重新装修自己的老宅等。

2.拟像世界与现实世界间的自我矛盾

融入城市生活对于农业转移人口来说是一段看似光鲜实则艰难的旅途,这不仅是经济、物质上的融入,更是一种身份的融入。在这趟旅途中伴随着城市化带来的问题,个体身份的消解与无依无靠的精神生活给农业转移人口带来了乡愁,寄托这一愁思的正是屏幕内、脑海中的家乡。而很现实的一个问题就是家乡的不在。在访谈中,用户就这里的不在给出了两种家乡消逝的原因:第一种是伴随着乡村振兴与退耕还林等政策,破旧的、传统的家乡消失在了物理空间之中,留下的是原址之上一栋栋新的现代化高楼;第二种则是时间轴上的家乡的消逝,存在于脑海和回忆里的美好的家乡已经不在了,现在留下来的是陌生的抑或有所缺失的家乡,缺失的部分往往会偏向于血缘共同体和邻里共同体的缺失。

与此同时,尽管农业转移人口只能在土味短视频中寻回对记忆乡村的情感满足,尽管都市中的生活虽然便利却充满烦恼,但是当被问及是否想回乡村时,这些农业转移人口用户的答案却都是“不想回去”与“回不去了”。一方面是因为城市生活的多姿多彩,另一方面则是农业转移人口在乡土理想与乡土现实的冲突中无法找到自己的身份定位。当农业转移人口以“向上看”的方式流动进入城市之中,“过度城市化以及中国特色的户籍藩篱与社会排斥所形成的‘大都市化陷阱’使他们无法真正融入城市”(安超,2015)。尽管衣食住行都与城市青年趋同,但是根深蒂固的传统观念是无法在短时间内被拔除的。

这种自我矛盾感,是农业转移人口在双重边缘的社会之中,经过持续性“漂泊”造成的孤立从而产生的自我认同危机。吉登斯(Giddens,2011)指出,“大多数人在其自我认同的连续性、行动的社会和物质环境的恒常性方面表现出的信心与本体性安全有关,如果对于人和物的存在产生信任危机,就会产生本体性焦虑这一现代性的后果”。农业转移人口在通过“漂泊”寻找自身立足之本的同时也在通过“漂泊”寻回自己的主体身份。正如鲍曼(2018)在《流动的现代性》

中所指出的，这种身份追寻“是一场抑制和减缓流动、将流体加以固化、赋予无形的东西以有形的持续性的斗争”。而在都市的身份追寻注定也会是一场艰苦的屏内、屏外自我认同之旅。

四、乡村居民：展演的乡愁

伴随着中国互联网经济与移动端的普及发展，中国都市化的整体进程也得到了有力的推动，姬广绪(2018)认为，相比于城市地区，互联网对乡村地区的地方文化、社会组织与社会变迁都产生了重要影响。土味短视频带给非城镇居民的乡村想象更偏向于一种表达和展演的欲望。数据显示，乡镇青年是土味短视频观看、创作的大批有生力量，他们在短视频平台找到了一种途径去展示自己和与他人交流。而在这一媒介平台出现之前，乡镇青年群体一直处于失语状态与被支配地位，无论是乡土文学还是乡村影视剧，都是站在城镇人口的视角上对乡村和乡村居民的想象与观看，这些乡村居民也一直在接受着与自身成长环境、生存环境都存在较大区别的主流文化乡村场景建造。通过短视频展示的真实乡村，与乡村居民想要塑造表达的真实自我，成为乡村文化的一个输出口。这种根据短视频展演的乡村而形成的乡愁，一方面，成了一种现实环境上的旧去新来带来的心理接近性；另一方面，则是小镇青年在挥别城乡差别时带来的身份认同障碍，以及拥有了自我表达、展示空间之后新身份建立的一种迷茫与探索。

(一)融入：土味短视频唤醒的心理接近性

在心理学中，心理接近性是指“任何人在社会交往中都会因自身需要产生亲切动机和依赖动机，即接近心理”(李焕生，1992)。在传播学中，心理接近性更多用在新闻接近规律上，“不仅指的是新闻与读者在空间距离上的接近，更重要的是新闻与读者在心理距离上的接近”(孙建文，1995)。地域距离和新闻内容是产生新闻接近性的重要条件。对于土味短视频来说，因为其内容与表现都是在展示较为真实的乡村生活、场景和人物，且据统计其大范围的活跃用户也以乡村居民为主，所以乡村居民在观看时就会因为地缘关系与普遍的乡村形态而产生较强的兴趣点，从而衍生出心理接近性。

根据中国互联网络信息中心 2019 年发布的《第 43 次中国互联网络发展状况统计报告》，截至 2018 年 12 月，我国农村网民规模达 2.22 亿，占整体网民的

26.7％，较2017年底增加1,291万人，增长率为6.2％；农村地区互联网普及率为38.4％，较2017年底提升3.0个百分点。短视频用户规模达6.48亿，网民使用比例为78.2％。我国网民以中等教育水平的群体为主。截至2018年12月，初中、高中/中专/技校学历的网民占比分别为38.7％和24.5％；受过大学专科、大学本科及以上教育的网民占比分别为8.7％和9.9％。由此可见，我国网民中农村网民数量攀升快速，短视频已成为被用户所习惯的媒介信息传输方式，而用户主体还是以受中等教育水平用户为主体，初中、高中/中专/技校学历占比为38.7％和24.5％，大批量乡镇青年作为土味短视频用户涌入以“快手”为主要场地的短视频社交平台，在观看的同时也乐于去创作和分享，从而形成了一股庞大的土味短视频有生力量。

城镇化和乡村振兴工作的重要举措之一就是“人的城镇化”。《2018年国民经济和社会发展统计公报》显示，“2018年末全国常住人口城镇化率为59.58％，户籍人口城镇化率为43.37％，分别比上一年提升1.06、1.02个百分点”。为了使乡村居民逐渐适应城市生活，基础设施与生活环境都在日趋向城市靠拢，而乡村居民在享受这一城镇化改造的便利的同时，也在适应随之急剧变化的自然、社会环境与传统的社会结构、交往方式。土味短视频在这时的出现，对于乡村居民用户来说可以算是某种程度上的“避风港”，他们并没有抗拒城镇化的改变，觉得这些都是好的，而自己需要做的就是适应，在适应期间暂时性地融入土味短视频营造的之前的乡村可以“放松自己的心情”“和亲戚朋友联系更多”以及“寻找新的赚钱方向”。

（二）消解：自我表达空间中的新身份建构

与之前的受访者最大的区别在于，大部分乡村居民更愿意在成为观看者的同时也成为一个土味短视频的参与者，他们乐于将自己对乡村的认知和自我在视频中建构出一个实体传递给更多用户。因为短视频提供给了乡村居民一个自我表达的空间和一个新的线上线下交叠的场景，让乡村青年产生了对新空间身份认知的迷茫和消解。当他们拥有了与城镇居民同等的媒介权力时，该如何向外界传递自我，在自身携带的乡土文化属性与都市文化撞击之中寻找到一个被外界所理解、接受的身份，一度成为土味短视频带给他们的乡愁。

1.拼接与游移：个体身份的主体性表达与建构

土味短视频为乡村居民带来的不仅是技术赋权，“更是自我形象建构与新形象认同的凸显”(陈瑞华，2019)。在这一技术赋权空间出现前，乡村居民存在于“他者化”的叙事之中，不仅缺失了自我诉求的表达场所，更是丧失了表达这一自我诉求背后的复杂情感与自主性逻辑的权力。无法进行自我表述，只能存在于被规定好的符号化名称中的这一认知偏差，导致乡村居民对自身的真实情况缺乏了解，并且也无力进行自我身份重塑。陈瑞华(2019)认为，土味短视频的出现满足了乡村居民这一群体的主体性表达与呈现欲望，给予了他们一种“内生性因素”的展示，即将自己的真实日常生活能动性、自主性地进行表达，这种自由表达自我的渴望使“他们不再希望自己的生活和文化‘被表达’”(姬广绪，2018)。承载着这种渴望的载体正是土味短视频，在观看与制作短视频时他们处于一种被满足的愉悦之中，在这个有色彩、有积极、有消极、有善、有恶、多元化、开放式的有声图像世界中，他们用一种杂乱无章的拍摄手法、极具个人风格与底层色彩的内容表达，以每天的日常为主，流水线般地记录着自己的生活轨迹，呈现出这一群体模糊却真实的主体性表达实质。

在未拥有自我表达的空间之前，所有的身份与场景都是“被观看”的。但是当以乡镇青年为群体的活跃用户掌握了视频的拍摄方法后，他们有充足的欲望和动力去学习与模仿，有强烈的愿望去表达与建构自我身份和角色塑造。至于他们的主体性表达与建构中存在的种种关于“土”的问题，一开始是因为他们意识到了正是这些刻意呈现与夸大的场景，才能为他们赢来更多的关注。但是伴随着评论中的负面评价以及周边人对这一形象建构的指责，他们也在不断调整与尝试新的个体身份，而这一次的个体身份既要带有乡村的特性，又要兼顾改变快速社会化中主流媒体对乡村的形象定位。

2.对立到模糊：城乡二元化分野产生的身份认同障碍

吉登斯(2016)在《现代性与自我认同》(*Modernity and Self-identity*)中提出，现代制度的全球化及其导致的日常生活转型，对个人或群体的交往行为产生了极大的影响，自我变成一种“反身性规划”，是经由可被修改的有关自我认同之叙述而实现和维持。在乡村居民建构属于自己的个体身份与社会身份时，不可避免地会被当下大环境中所产生的社会实践过程所形塑，而土味短视频这一媒介正是乡村文化与城市文明之间的连接，乡村居民与城市居民依赖这一媒介产生了互动行为，也正是这种亲密的互动让两个群体之间关于彼此的文化价值观区分更为明显。

伴随着城乡二元文化结构分野的日趋明显，在两种不同文化之下的身份认知也呈现彼此对立的状态，传统的城乡二元文化结构让大部分乡镇青年产生出一种强烈的“排斥感”，让他们在这种动态交往与融入中逐渐怀疑与消解自己的身份认同,造成了一种虽然人在乡村,但奇异的都市排斥感却充斥着日常的网络社交。而在这种对立的身份认知下,乡村居民对城市文明与物质文化却抱有自己的美好想象,正如阿帕杜莱(2012)所说,电子媒体提供了崭新的资源和规则来建构想象中的自我和世界,电子媒体标记并重建了一个更为广泛的领域,成为建构自我的实验资源,遍布各个社会,人人皆可取用。短视频不同于乡村的都市生活和场景让乡镇青年不可避免地产生出想象与向往,而这呈现于自己的短视频拍摄中却是一种奇异的滑稽感,甚至会因其猎奇、搞笑而获得大众的关注。城乡二元文化对于乡村居民在此时来说,是一种技术赋权无法逾越的沟壑,虽然拥有了平等展示个体性的空间与话语权,但是在文化的意义与权力中却有着明显的区隔。

如果说"排斥感"和城乡文明的区隔让乡村居民的身份认知与城市居民之间产生明显的对立,那么这些乡镇青年对城市的想象与向往,妄图冲破沟壑的行为则使其目前的身份认知充斥着迷茫与模糊。这也可以看作是技术赋权必经的一种过程,从刚开始因认知而产生的对立,到后来在融入中寻找不到自我身份的陌生,再到多元化的网络环境中无法确认身份形成模糊的身份认知。

身份认知的成长途径,体现的是以乡村居民身份认知为外表的乡村文化、边缘文化极力融入被认可的主流文化的突破。当乡镇青年在短视频中被轻视与嘲笑时,他们还在坚持与实践的目的,正是想要在目前的中国城乡文化区隔中寻找到能被主流文化认可的身份。而以目前这一群体对于自己文化的阐释与辩解能力来看,是明显不被精英文化所认可的,甚至是被规训与道德贬低的。土味短视频给予了乡村人口更多的城乡二元化互动交往,但是也更深刻地将城市与乡村进行了区分,当城乡二元文化在互联网上进行结合的时候,乡村居民的自我身份认知也在逐渐从确定对立走向不确定的模糊。

五、结语

土味短视频作为短视频的重要组成部分,在给予传统媒体时代话语权缺失的普通用户自由观看、评论、点赞、分享、拍摄视频、分享生活的文化生产自主权的同时,也以其区别于他类短视频的带有明显土味特征的内容,成为短视频风靡时期的现象级产物。在研究过程中,笔者发现,尽管土味短视频带给城镇居民、农业转移人口、乡村居民的乡愁都具有各自独特的社会生成因素与社会想象呈现,但是对于个人所产生的影响因素却是大致相同的。乡愁于这三类人而言都是在对城乡二元文化发展中自我身份的探寻，是一种伴随着社会经济与文化极速发展期间个人精神文化发展的不适与身份认知的不协调现象，而这具体表现在现实生活中却是千人千面。针对土味短视频背后蕴含的用户需求——乡愁，在未来不仅需要在乡村振兴的建设中从物理空间上做出解决，更需要在不断融合发展的城乡二元文化结构中为用户开辟出一块集体身份认知与集体价值认同的文化空间。

参考文献

阿尔君·阿帕杜莱(2012)，《消散的现代性全球化的文化维度》(刘冉译)。上海：上海三联书店。

安超(2015)，《新生代乡土知识青年的反向社会流动与文化适应——"逃回北上广"现象的社会学考察》。《青年探索》，第 4 期，页 91-98。

安东尼·吉登斯(1998)，《现代性与自我认同》(赵旭东等译)。北京：生活·读书·新知三联书店。

安东尼·吉登斯(2000)，《现代性的后果》(田禾译)。南京：译林出版社。

巴赫金(1998)，《拉伯雷研究》(李兆林等译)。石家庄：河北教育出版社。

陈瑞华，《"地方再造"：农村青年媒介行为的文化隐喻》。《中国青年研究》，第 1 期，页 94-101。

丹尼斯·史密斯(2007)，《齐格蒙特·鲍曼：后现代性的预言家》(萧韶译)。南京：江苏人民出版社。

道格拉斯·凯尔纳(2004)，《媒体文化：介于现代与后现代之间的文化研究、认同性与政治》(丁宁译)。北京：商务印书馆。

费孝通(2006)，《乡土中国》。上海：上海人民出版社。

海德格尔(2004)，《林中路》(孙周兴译)。上海：上海译文出版社。

姬广绪(2018)，《城乡文化拼接视域下的"快手"——基于青海土族青年移动互联网实践的考察》。《民族研究》，第 4 期，页 81-88，125。

李河(2018)，《从根系式生存到漂泊式生存——中国城市化进程的生存论解读》。《求是学刊》，第 45 期，页 17-26。

卢炜(2009)，《凝视与瞥视：影视视线美学比较》。《求索》，第 12 期，页 196-198。

彭兰(2019)，《短视频：视频生产力的"转基因"与再培育》。《新闻界》，第 1 期，页 34-43。

齐格蒙特·鲍曼(2003)，《现代性与矛盾性》(邵迎生译)。北京：商务印书馆。

齐格蒙特·鲍曼(2006)，《废弃的生命》(谷蕾译)。南京：江苏人民出版社。

齐格蒙特·鲍曼(2018)，《流动的现代性》(欧阳景根译)。北京：中国人民大学出版社。

申艾(2019)，《短视频的传播美学探究——以"二更"视频为例》。《新闻前哨》，第 1 期，页 50-51。

陶成涛(2015),《文化乡愁:文化记忆的情感维度》。《中州学刊》,第 7 期,页 157-162。

章伟文(2017),《城市化、乡愁与精神文化之原乡》。《当代中国价值观研究》,第 2 期,页 66-73。

赵旭东(2019),《乡愁中国的两种表达及其文化转型之路——新时代乡村文化振兴路径和模式研究》。《西北师范大学学报》(社会科学版),第 56 期,页 127-136。

Anderson C M(1976).Malloy E S. Family photographs: in treatment and training. *Family Process*,15(2).

Mphathisi Ndlovu(2018). New Media and Ndebele Hiraeth: Memory, Nostalgia and Ndebele Nationalism on Selected News Websites. *African Journalism Studies*,39(4).

Phillipov(2016). Escaping to the Country: Media, Nostalgia, and the New Food Industries. *Popular Communication*,14(2).

实践观察

县(区)级融媒体中心建设的三种主流模式分析

Analysis of Three Main Patterns of County or District Media Convergence Center Construction

◇ 王建磊　郭锦芸*

Wang Jianlei　Guo Jinyun

摘要：本文选取北京延庆区、江西分宜县和江苏邳州市的融媒体中心做了个案分析，它们代表了三种主流的建设模式：上一级媒体机构（《人民日报》）予以技术和团队支持；县（区）行政力量予以主导和自上而下推进；县媒本身通过自身建设在产品运营和多元化经营方面进行了实质性探索。经横向比较得出一些"融媒技术成熟，但欠缺创新型应用和业务；相较缺资金、缺技术，县（区）融媒更缺人才；都不同程度存在造血能力不足"等共性化的问题。建议省、市媒体积极投身县（区）级融媒体中心建设，将其纳入自身发展战略，打造全省一网、全市一网，帮助县（区）媒体机构以低成本、高标准模式快速推进融媒体中心建设。

Abstract: The research adopts a case-study approachto provide detailed illustrations of three convergence media centers from chosen countiesnamely Beijing Yanqing county, Jiangxi Fenyi Countyand Jiangsu Pizhou County, those represent three predominant construction models: Higher administrative promotional media agency (*the People's Daily*) provides technical and team support; The County Government dominates converged media centers; The county-level media centers implementdiversified operations through self-construction. After horizontal comparison, the research finds some essentially identical problems, like the technology is mature, but innovative applications

* 王建磊，深圳大学传播学院副教授，硕士生导师，主要研究领域为视听新媒体、视听文化产业。郭锦芸，深圳大学传播学院硕士研究生，主要研究领域为视听新媒体。

and businesses are inadequate, or compared with lack of funds and technology, the counties are more eager to talents, etc. The research recommends that Provincial and Municipal Media will bring county-level media convergence center into their own development, and constitute the system of "one network one province" and "one network one city", to achieve low-cost, high-standard mode construction of county-level media center.
关键词:县区融媒,延庆模式,分宜模式,邳州模式,创新运营

Keywords: county-level media convergence center, Yanqing Mode, Fenyi Mode, Pizhou Mode, innovative operation

从 2014 年 8 月算起①,中国的媒体融合战略至今已推进 5 年(本文写于 2019 年)。其间,习近平总书记先后于 2016 年 2 月 19 日、2019 年 1 月 25 日两次到人民日报社调研,并就全媒体时代和媒体融合发展举行了多达 12 次的集体学习,足见党中央对于建设新型主流媒体的坚定决心。2018 年 3 月,以中央电视台(中国国际电视台)、中央人民广播电台、中国国际广播电台三家整合为中央广播电视总台为标志性事件②,媒体融合进入深水区。

2018 年 8 月的全国宣传思想工作会议之后,中国的媒体融合又迎来新阶段——习近平总书记在会议中指出:"要扎实抓好县级融媒体中心建设,更好引导群众、服务群众。"2018 年 9 月,中宣部对在全国范围推进县级媒体中心建设做出部署安排,要求 2020 年底基本实现在全国的全覆盖,2018 年先行启动 600 个县级融媒体中心建设;2018 年 11 月,中央全面深化改革委员会第五次会议审议通过《关于加强县级媒体中心建设意见》,习近平总书记强调,组建县级融媒体中心有利于整合县级媒体资源,巩固壮大主流思想……随着一系列指示及文件的密集出台,县级融媒体建设在全国掀起新一轮热潮,而这也意味着我国媒体融合的发展对象已从中央省级媒体和大型传媒集团纵向进入社会基层的神经末梢。

在过去五年的媒体融合推进中,从底层技术到运营策略,从内容生产到配套机制,中央级媒体及各省级媒体已经总结了不少经验和教训。如今,在面临

① 2014 年 8 月 18 日,党中央通过《关于推动传统媒体和新兴媒体融合发展的指导意见》,将媒体融合上升为国家战略,掀起了新闻媒体新一轮的深刻变革。

② 2018 年 3 月 21 日,中共中央印发《深化党和国家机构改革方案》,提出撤销中央电视台(中国国际电视台)、中央人民广播电台、中国国际广播电台建制,组建中央广播电视总台,对内保留原呼号,对外统一呼号为"中国之声"。

县级融媒中心的建设任务时，有些成熟的技术方案可以直接移植，有些有效的内容传播策略可以借鉴，但是县级融媒建设依然面临着新的局域环境，自身也大多存在资金有限、人才不足等困境，如何在中央精神指引下不断创新，既遵循新闻传播规律，又重视互联网思维，集约化地实现“多来源采集、共平台生产、多渠道分发”的媒体融合目标，最终打造一个传播主流舆论和提供综合服务的枢纽呢？本报告研究团队以个案研究的方法，在全国范围内遴选出三家主流的县级融媒，将其实践思路、运营模式等予以展示，并在最后将样本进行横向比较分析，力争提出普适贴近、方便落地且针对性强的应用策略，为县(区)级媒体融合的推进、建设与运营提供借鉴。

一、全国县(区)级融媒体中心建设的基本现状

自 1983 年确立“四级办台”以来，县级媒体单位在舆论宣传作用、节目生产活力、经营创收能力等方面一直欠缺一些能动性和创造性。从 2012 年前后传统媒体的危机到来之后，县级媒体很快陷入新的囹圄，不断有学者专家建议取消四级办台，实际上就是砍掉县(区)级媒体机构。然而在当前我国的宣传框架下，数量庞大的县级媒体就像是社会神经的末梢，虽不起眼但不可或缺。2018 年全国宣传思想工作会议之后，县级媒体迎来了新的历史发展机遇——依托融媒体建设，实现传媒的现代化及功能、定位的全方位转型。这使得改革开放以来一度淡出传媒行业视野的县级媒体再次成为行业关注的焦点。截至 2018 年 9 月初，在两个月内北京市先后有 15 家区级融媒体中心陆续挂牌，平均 4 天就有一家，加上 2017 年已经挂牌的昌平融媒体中心，北京已经以领先于全国的速度全面完成了区级融媒体中心的布局。同年 8 月，郑州市 16 个区县同时挂牌成立区县融媒体中心。早在 2018 年 3 月，江西组建融媒体中心的县市区已经达到 30 多家，占到了全省的 1/3，湖南、四川、河南、江苏等地的县级融媒体中心也已经紧锣密鼓地筹建起来。

传统的县级媒体是一种基层媒体形态，在发展道路上“复制了中央、省、市三级的媒体管理体制和资源配置方式，作为县域空间大众传播资源的垄断者而深嵌于区县行政体系”(谢新洲、朱垚颖，2019)。那么县(区)级融媒是什么？按照媒体发展规律来说，媒体就不再只是传统的电视台、报纸，融媒体中心也就不是广播电视台下设的融媒体中心，也不是报刊下设的融媒体中心，而是将县广播电视台、新闻中心、县委县政府开办的网站、内部报刊、客户端、微信微博等所

有县域公共媒体资源整合起来,按照“中央厨房”模式运行,实现一次采集、多种生成、多元传播,一体化运作,完成流程重构的新实体机构。

按照媒体融合战略的时间节点,全国2,800余个县区要在2020年底完成融合媒体中心搭建,目前各县级融媒体中心建设工作进入加速跑阶段。截至2019年9月底,全国有93.9%的区县至少拥有一种融媒体平台,60%的区县已经拥有多样化的融媒体平台。县(区)级融媒体中心已经形成了一定规模。而且在已经建成的县级融媒体中心中,绝大多数已经可以实现多端分发(52.60%)、素材共享(54.40%)、移动采编(50.90%)、大屏指挥(40.40%)、舆情监测(38.60%)、数据分析(35.10%)等职能。目前实现了7个以上功能的县(区)级融媒体中心比例达19.30%,实现4～6个功能的县(区)级融媒体中心比例达31.60%,实现2～3个功能的比例为7.00%,仅实现1个及以下功能的比例为42.10%。在功能实现上,不同县级融媒体中心的发展程度差距较大。

作为最基层的县(区)级媒体机构在资源整合,尤其是新设中心这一机构形式实现媒体融合,实际上面临许多问题,且是以一县之力难以逾越的。如一窝蜂式建设,缺少长期规划;基层条件不足,难以留住人才;且资金来源较为单一,大部分融媒体中心为全额拨款的事业单位,“依靠政府扶持、财政拨款和相关政策和业务上的扶持”(付莎莎,2019)。融媒体中心的启动资金多来自政府补贴,如甘肃省玉门市获得了2018年中央财政专项资金600万元的补助,江西省分宜县融媒体中心获得本县2016年度重点项目的900万资金支持。在后续建设中也一直与政府项目相捆绑以获得发展资金和机会,且区域差异较为显著。随着县(区)级融媒体中心在全国范围内的铺开,持续运营、维护的建设成本不断扩大,一味依靠政府的资金补贴显然难以为继。但是在大部分省市级传媒机构还处在艰难度日的情形下,县(区)级融媒体中心寻求盈利更是难上加难。

从全国市场来看,县(区)级融媒中心建设有的是在报业集团主导下完成,有的是在广电集团主导下进行的。如郑州市的区县融媒体中心就是由郑州报业集团牵头,以郑报融媒“中央厨房·新闻超市”大平台为基础,在县(区)级融媒体中心打造统一的指挥调度平台;湖南日报社的“中央厨房”则可承担500个小型“中央厨房”、5,000个媒体终端同时运行;湖北省县区则是由湖北广电的“长江云”作为县级平台的基础,甘肃则以玉门市广播电视台为主体搭建融媒体中心……实际上,谁是实施主体,搭建标准如何,采取何种方式盈利这些问题并不能一概而论,一定是结合当地实际因地制宜。从灰度机制的观点来看,上述几种模式可以并存,并通过各类模式之间的效率竞争,相互纠错使县(区)融媒中心在未来的发展呈现多样性的特点。但更升级的做法，应当是在有条件的情况下，报业集团和广电集团共同出资出力出技术来搭建，形成自上而下相互贯通的大传媒生态格局。

二、县(区)级融媒中心建设的三种主流模式

(一)延庆区融媒体中心——复刻人民日报社的"中央厨房"

北京市的媒体改革融合工作一直走在全国前列，全市16个区级融媒体中心都已经挂牌成立。其中，延庆区融媒体中心以"小而精"的特点、"99天落成"的速度在业内传为美谈，更因背后有人民日报社技术团队的支持而成为"中央厨房"的县级样本。

1."广电＋报业"模式的"中央厨房"

2018年6月11日，"延天下"两微正式上线，这也标志着延庆区融媒体中心正式完成组建。6月16日，延庆区融媒体中心正式挂牌。该中心联合人民日报媒体技术公司团队，依托北京"歌华云"服务，量身定制"广电＋报业"模式的"中央厨房"，对贯彻和落实中央、市委决策部署，服务保障冬奥会、世园会发挥重要作用。

"广电＋报业"代表着未来媒体融合的趋势，对于一个传媒机构来说，擅长文图体现深度的报纸和擅长影音传达形象的电视已无划清界限的必要，传媒机构既然是面向市场和用户，用户需要什么，他们就应该提供什么。鉴于此，一方面，延庆区融媒体中心会通过《延庆报》、延庆电视台、延庆人民广播电台、"延天下"微博和"延天下"微信公众号多渠道进行信息发布，向世界讲好延庆故事；另一方面，延庆融媒的"中央厨房"整合人员和机构，制作运用H5、VR、动画、航拍、长图等技术手段，在多家合作平台(腾讯等)发布了大量新媒体内容产品，不仅提升了新闻采编效率，也丰富了内容表达形式，使新闻传播的效果达到最大化。

2.智慧广电下的便民服务

基于《人民日报》"中央厨房"打造的延庆融媒体指挥调度平台，实现了策划、采集、编辑、发布全部在线上完成，建立了"一次采集、多元生成、多渠道传播"的融媒体采编流程。同时，指挥调度平台还可以对全网信息进行实时抓取，形成热词和突发新闻汇聚，为选题策划提供更为精准的指导，为区域舆情提供

更真实的判断。可以说,延庆区借助融媒体中心的打造,为智慧广电建设添砖加瓦,迈出了坚实一步。

智慧广电的“智慧”还体现在“政务服务＋公共服务＋民生服务”的完整性上,如延庆 App 既提供重大新闻,还会有基于本地的个委办局政策发布、政策解读、新闻事件的深度挖掘等内容。更重要的是,延庆 App 还是市民联通政府的中介,市民既可以进行问政,也可以发起监督、求助,甚至还可以在云端上实现电商购买。该 App 将为市民提供一个衣、食、住、行、医、学的便民通道,打造延庆人自己的信息共享平台,扮演好“便民贴士”的角色。

3.配套制度改革力保良性运行

相比投资建设,融媒体中心更难在经营。为了解决市场效益问题,确保融媒中心的顺畅运行,延庆融媒体中心确立了“事业｜企业”的宏观框架,其中实行的重要举措之一是将融媒体中心的经营广告部分业务进行剥离,整合域内媒体,组建延广融媒有限公司,纳入国有企业的监督管理和考核,改革人员薪酬,实行完全的企业化管理,积极拓展政务、文化、教育、金融、健康等产业,同时大力发展影视制作、会展服务、大型活动、新媒体服务等业务,实现区级传媒商业模式的重构,恢复其自我造血功能。

在配套制度改革方面的另一个亮点是建立“同工同酬、优劳优得”的考核激励制度。从 2019 年 9 月份开始,延庆融媒体中心的编外优秀人员参照编内人员享受职级待遇,并根据发稿量、融媒体产品采用量等实行积分制,并与绩效、年终奖挂钩,充分激发员工的积极性。

总体来看,延庆模式的重要经验:一是因保障冬奥会和世园会的特殊需求而获得市、区财政的大力支持,共获得高达 4,000 万的建设经费(该数据经调研确认);二是将《人民日报》“中央厨房”的技术及管理经验进行了移植和改造,建设了总编室、融媒体指挥调度平台、舆情指挥调度平台、媒体报道服务支持平台、移动融媒工具四大板块,并使其在短时间内快速上马,投入使用。当然,由于区域经济体量相对较小、媒体行业收入低等因素,也存在技术力量单薄,内容制作缺精品、爆款和人才吸纳上不够具备竞争力等不足。

(二)江西分宜县融媒体中心——地方行政资源倾力主导

江西分宜县融媒体项目启动前,县委宣传部、县文广新局、县政府办主管、县信息中心、县委宣传部和县广播电视台分别负责 7 个县级新闻媒体,导致新闻宣传资源十分分散且力薄,在实际工作中“重办轻管”难以避免。同时还存在内部管理机制不活，人才引不进、留不住，经营创收严重滑坡，生存艰难等困境。从 2016 年 7 月起，分宜县便开始了县级融媒体中心建设的试点探索工作，整个推进自上而下，体现出行政力量强势主导的特点。

1.定位为县委“一把手工程”

分宜县融媒体中心工程从一开始就被列为市、县委全面深化改革的重点突破项目，并被定义为县委书记、县委宣传部长和常务副县长共同负责和主抓的“一把手工程”。该工程并不是流于口号，而是实施了非常实质性的内容，首先是在经费上优先保障，实现融媒体建设费用单独立项 900 万元；二是将融媒体中心升格为正科级全额拨款事业单位，增加事业编制到 40 个，并优先配齐配强融媒体中心班子，两次为融媒体中心招考开绿灯；三是坚决进行了机构改革，将内部刊物、微信、微博、手机报 4 个媒体平台从县委宣传部剥离出来，将县广播电视台、网络传输中心从县文广新局分离出来，将县政府网新闻频道从县政府办分离出来，整合为一，以县广播电视台人员为班底，成立分宜县融媒体中心，归口县委宣传部管理。

除了以上行政举措外，在人员编制上，融媒体中心领导班子由原来的一个副科，升格为“两正三副”，下设“两室三部”，即总编室、办公室和新闻采访部、编辑制作部、技术部，在级别和领导职数上都做了加法。同时在薪酬制度改革和编外用工上也获得了政策支持。此外，在融媒体中心建设期间，省委常委、宣传部部长施小琳，省委宣传部副部长罗勇兵、市委书记蒋斌、市长犹璒等领导多次进行悉心指导；市委宣传部长郭力根更是亲力亲为，帮助解决了不少工作难题。

以上，皆因“一把手工程”的定位和强势的行政力量，机构、机制、薪资等改革进行得较为顺利，融媒体中心迅速落地并获得实质性的资源扩充与影响提升。

2.技术平台实现上下贯通

分宜融媒体中心目前采用的是省级技术平台。2017 年 4 月，分宜县融媒体中心与江西日报社合作，依托江西日报社的“赣鄱云”智慧云技术平台，采取独端（独站点）模式，建成上线了分宜县融媒体“中央厨房”平台和“画屏分宜”客户端，建成了一个移动采编系统，实现了移动指挥调度、现场采访发稿和移动审核功能；集纳了一个舆情监控系统，实现了互联网上涉分宜的信息以及网络热点新闻的实时采集，指导服务新闻生产。

该技术平台着重实现了移动客户端、WAP 手机网、PC 网站、微博、微信等媒体的集中管控和一键分发，从内容、用户、技术、终端四个维度上“打通”“共享”“融创”。分宜县媒与省级平台的合作有助于打通“省市县”三级通路，一方面可以获取省级媒体的资源，减轻自身新闻生产的负担；另一方面，中国江西网、江西手机报、新余发布、画屏分宜等省内其他使用该平台的编辑可进入“中央厨房”，按需对分宜县媒所上传的新闻素材进行加工编辑，在各自的平台进行分发，拓宽了县级新闻稿件向上传播的渠道。

3.在“最后一公里”做足文章

县(区)级融媒体建设的要义在于重建社会基层的神经末梢，因而被喻为是宣传工作从中央有效贯彻到基层的“最后一公里”，分宜县融媒体机构在这一步上频出举措：

派驻16名记者深入基层。按照市委宣传部统一部署，分宜县融媒体中心派出16名记者、编辑深入12个乡镇(园区、办)的157个行政村(社区)，担任乡村宣传员，每个人负责一个乡镇所有行政村的新闻宣传、社会宣传、理论宣讲、信息收集及融媒体的运营发展等工作，真正把新闻宣传工作做到最基层，充分保证舆论导向和上情下达。

以“画屏分宜”作为舆论宣传的抓手。“画屏分宜”App不仅集成报纸、广播、电视、微信、网站等7个现有媒体端口，做到一键打开、一端呈现，让百姓方便快捷地浏览新闻信息，还拓展增加便民缴费、文化旅游、交通出行、教育培训、健康养生等服务内容，已成为“分宜县最有用的圈子”。不仅如此，该客户端还开设“党群”“乡镇”“村社”等栏目，第一时间采集宣传县直、乡镇各单位政务信息，其中的“问政”专栏，随时收集民生、投诉、政策解读等各方面百姓关心的问题，并及时转发联系各单位信息员，要求在规定时间内做出回复，形成了百姓和政府零距离互动关系。在新闻+服务方面，“画屏分宜”App设置了“便民服务”版块，添加了“本地公积金查询、交通违章查询、扶贫超市”等信息查询功能，为市民提供文化旅游、交通出行、教育培训、健康养生等多项服务内容。

广泛组织开展群众文艺活动凝聚人心。2017年7月，分宜融媒体中心成立融美文化传媒公司，主要工作是自办、承办群众文化活动，先后举办“声动分宜歌手大赛”“少儿才艺大赛”“形象大使”等大型综艺近10场，尤其是连续两年举办的“百姓春晚”，出现一票难求的盛况。此外还承办部门和乡镇重大文化活动，如“江西好人发布会”“江西省电力职工故事大赛”“分宜最美人物颁奖晚会”、警营文化成果展示汇演、“最美护士”奖晚会、“红色家书”主题演讲比赛、少儿艺术节晚会等30余场。其中，洋江龙舟文化旅游节通过融媒体直播推广，吸引10万人次参与，网上点击量和浏览数超170万人次，成为分宜文化旅游的新名片。这些活动不但丰富了群众精神生活，也促进了融媒体中心的经营创收。

（三）江苏邳州银杏传媒：充分自主建设的典范

2018 年 10 月，邳州广电在江苏省率先挂牌成立县级融媒体中心，将代表本土特色的银杏元素和融媒相结合打造了“银杏融媒”特色品牌。作为江苏省县（区）级广电媒体深度融合试点单位，邳州广播电视台整合了广播、电视、报纸、网站、客户端、微信、微博等媒体资源，构建了“两台一报一网、两微一端多平台”八位一体传播矩阵。且目前融媒体平台已实现广播电台 300 万级、电视信号 200 万级、移动端 100 万级的“321 百万级”用户覆盖。日常运营中、邳州广电探索“中央厨房”运行机制，组建融媒体指挥调度中心。再造“策采编审发”生产流程，打造开放共享渠道体制，并凭借“邳州银杏甲天下”App 平台[①]推动政务服务、地域推广、文化旅游、智慧城市等多元合作，在全省乃至全国各县的县（区）级融媒体建设中脱颖而出，为县（区）级融媒体中心建设积累了宝贵经验。

1.“移动优先”的实践思路

对于邳州的融媒体建设来说，坚持移动优先、推动资源、技术、人才向移动端倾斜是其第一要则，也是整个融媒体中心的基本思路。在以此为指导的实践过程中，逐渐形成了以“邳州银杏甲天下”App（以下简称银杏 App）客户端为核心，载体多样、渠道丰富、覆盖广泛的融媒特点。

移动优先首先体现为时效优先，为保证这一点，银杏融媒规定，全媒体记者现场新闻要第一时间上新媒体，银杏 App 每天滚动推出本土新闻达 20 多条，推送速度和推送量远超其他几个媒体平台。

移动优先其次体现在适应用户短平快的阅读习惯。银杏 App 上的内容大多短小精悍，篇幅不长，视频也在 3 分钟以内，在“短”的同时对信息的精准和提炼要求更高，直指本质，拒绝拖泥带水。

移动优先还体现在传播重心的迁移上。过去，新闻产品的播出或出版就意味着结束，然而在互联网时代，新闻发布之后，还需要跟进、反馈、讨论以及主题延展，为此，银杏 App 全天候安排编辑与网友进行互动，完成内容的延伸，提高用户黏性。

2.“新闻＋政务＋服务”的业务架构

“融媒＋资讯”。在新闻报道方面，银杏 App 要求融媒体记者第一时间在 App 发稿，实现 24 小时实时推送；充分利用直播、短视频、H5、VR 等形式创新

① 该 App 曾荣登 2017 年度中国县域最强广电 App 榜首。

内容产品;打造手机问政平台,畅通民生诉求渠道;整合政务资源,接入智慧城市,打造综合服务平台。

“融媒+政务”——政企云服务平台。开通政企号,整合全市政务信息资源,建立政务公开信息发布平台;推出智慧党建平台,提供党组织管理、党员管理、党员教育、党务管理、党内资讯、互动交流等各类党建服务;推出新时代文明实践平台,建立市镇村三级网络,拓展线上文明实践活动。开通网上办事大厅,搭建政务办事的统一入口,为个人与企事业单位提供在线政务办理服务,目前已经有60多家政企单位入驻,且已开通了婚姻登记、房产证办理、企业登记、户籍办理等23个在线办理事项。

特别值得一提的是,邳州融媒还着力打造一个手机问政平台——“政风热线”(与邳州市纪委联合主办),通过网友在线反映诉求、政风热线栏目榜文、单位部门回复、栏目回访进展、纪委监督等形式,不仅能够和节目联动,更有利于畅通民生诉求,解决市民需求,加强政民凝聚力和媒体权威权重。

“融媒+服务”。对接智慧城市建设和民生服务平台,聚合各类优质公共服务资源,开通查公交、查违章、税点煤缴费等热门应用,成为市民在衣食住行娱等各方面的贴心伴侣;推出“智慧教育”平台,提供教育信息、在线教育、教育考评、学区查询等教务服务功能;围绕“智慧医疗”,打造“银杏名医”平台,提供名医展示、知识普及、在线问诊、挂号等各类医疗服务;同时,打造智慧文化、智慧旅游等公共文化服务平台,为百姓提供一站式便捷服务,目前已接入各项便民服务事项38个。

3.理顺底层技术架构

传统广电的内容生产、信号传播等虽然要依托技术来支撑,但其技术更多体现为“保障安全”而非“创新应用”。对于融媒建设而言,市面上的成熟技术方案虽然很多,但并非是适合自身实际情形和最具针对性的。基于此,邳州融媒建设从真实需求出发,重新梳理技术方案。

一是搭建大数据中心。银杏融媒在原有的新媒体机房、播控机房、媒资机房等多个机房基础上进行升级融合,建设一个低耗能、高效率、多线接入、多功能的大型数据中心、从根本上解决了数据的存储、计算、传输、安全的构建,满足了新媒体大规模多样性的资源数据需求。

二是全面升级移动端产品。银杏融媒与南京厚建公司合作,双方共同进行技术研发,推出银杏App,同时对新闻网站进行全方位的融合升级改版。新闻网和App又在技术、内容、管理等方面互通,完全实现了平台数据的共建共享,将电视、报纸、电台全部接入手机端,新媒体的平台矩阵不仅为传统媒体提供出口,也推出了更多的技术创新功能。

三是在硬件配置方面提高投入。如投入 6 倍速的高速转码服务器,能实时高效地对视频、音频进行转码;为移动直播配备了 3 套便携式现场制作切换台,实现了多机位现场直播切换;2 套视频无线图传设备、4 套 TVU 背包,实现了跨区域的移动直播;8 个数据直播盒子,并且为了提高网络直播质量配备了 2 套双路高清编码器等设备,有效地保证了新媒体运营的软硬件支撑。

据进一步了解,为了整合银杏融媒全部媒体平台的数据资源,根据对银杏融媒的基础架构数据资源、虚拟共享、空间扩展、安全可靠等评测要求,推出"银杏云"的私有云发展计划,未来将实现所有的数据资源云化操作管理。

可以说,邳州的银杏传媒抓住融媒建设的机遇,自主建设,持续投入人力、财力和物力进行媒体内容升级与运营升级,使以银杏 App 为代表的融媒产品真正具备了造血能力,并获得了良好的传播效果与市场收益。

三、三家主流模式的横向比较

以上针对北京延庆区、江西分宜县和江苏邳州市的融媒体中心做了个案分析,事实上它们代表了三种主流的建设模式:延庆模式是依托上一级融媒体中心的技术和团队支持;分宜模式是行政力量主导,自上而下完成了技术平台建设和制度改革;邳州模式则是依靠自身的深入钻研与多元实践实现了县级媒体的转型升级。每一种路径选择是每家媒体根据自身实情和环境等做出的,因而这里无意去比较三种模式的优劣,就最终的目标实现来看,这三家县(区)级融媒机构一改过去边缘、附属、消极的做法,而是充分发挥能动性和创造性,既在舆论宣传的本职工作上下功夫,找方法,还自觉地在做好服务,搞好创收等诉求方面体现出多元的探索和实践——而这才是融媒战略的真正落脚点。

当然,在融合媒体建设过程中,这三家机构并非只是单一地执行一种模式,或者说刻意去强化某一项特征,在融合战略目标、要求等统一部署中,这三家融媒体中心还体现出以下趋同的做法:

第一,"中央厨房"成为融媒体中心标配。"中央厨房"不仅仅是一个制度性存在(如常见的一鱼多吃的描述),它首先是一个物理实体,各县(区)级融媒体中心空间从 200 到 2,000 平方米不等,融新闻生产的诸多环节于一体,打造了一个个协同办公空间,为员工之间的交流和对接提供了便利。其次,中央厨房成为一个功能汇聚点，指挥调度中心、舆情监测中心、大数据中心等都在此得以展示。最后，中央厨房是各类技术平台：前端（显示大屏）和后台的实际承载体，基于 IP 的重新构造的底层技术框架也均排布在此，实际上成为整个融媒中心至关重要的中央处理器。

第二，都形成了“新闻＋政务＋服务”的业务框架。“引导群众、服务群众”是县（区）级融媒体建设的根本目标。在新媒体环境下，县级媒体遭遇了以商业移动互联网为代表的新媒体挑战，导致党和政府与基层群众沟通和联系的“最后一公里”不畅通，引导群众的职能开始弱化。因而新闻内容、新闻力量需要在县域经济社会发展中重塑，引导群众就是做好舆论宣传工作，重新抢占网络舆论阵地，所以县（区）级融媒体中心的核心要求相应就是“聚焦新闻主业，强化内容生产优先”；相关政务信息、官方发布集纳到县（区）级融媒体中心，这既是导向的需求，也是服务的需求。以上三个案例中，在其移动客户端产品均有开通政务发布与沟通平台，畅通了官民交流，无形中也提升了政府的现代化执政水平；在服务层面，积极做好和集纳便民便企的各项线上服务，既为县（区）级融媒体中心带来口碑，带来用户黏性，还可创造经济效益。实际上，服务提供已经成为各县（区）级融媒体中心增收创收的主要出口，围绕服务展开的各项活动，策划的各种培训，甚至是电商项目等，都成为县（区）级融媒体中心积极造血的有效策略。

第三，都强化了“两微一端”的产品框架。在媒体转型早期，借助微博、微信发布媒体资讯是传统媒体的普遍做法。对于区域化媒体来说，在移动媒体端提供本地资讯、官方信息，仍然是抢夺网络舆论阵地的不二做法。所以，县（区）级融媒体中心不但没有减弱两微的发布，甚至不断扩大圈地，形成传播矩阵。如江西分宜县已建设乡村微信公众号达 182 个，微信群 300 多个，实现了乡镇和行政村全覆盖；有县直单位微博矩阵共 34 个，既打通了县公众号信息向下传送的渠道，又展示了乡村地域特色，受到广大群众的欢迎。在打造客户端 App 方面，县（区）级融媒体中心普遍认为，借船出海，借端发布往往沦为给别人做嫁衣，自己开发的 App 才是真正属于自己的阵地，所以 App 开发也成为一个必要的成本支出和外宣事项。不论 App 经营如何，成本投入多少，用户规模多少，App 在县（区）级融媒体中心得到了进一步强化（见表 1）。

表 1　部分拥有融媒客户端 App 的县(区)

县(区)	App 名称
江苏邳州	银杏甲天下 App
江苏通州	南通州 App
江西分宜	画屏分宜 App
北京延庆	北京延庆 App
浙江长兴	长兴生活 App
甘肃玉门	玉门在线 App

第四,重新梳理了组织结构和行政框架。县(区)传统媒体的人员架构老化、固化,而科层制的人才结构也阻碍了新鲜血液的进入。在融媒体中心建设之际,一些县媒以此为契机打破原有部门设置,如江西分宜在融媒体中心下设"两室三部",即总编室、办公室和新闻采访部、编辑制作部、技术部。制定"编随事走、人随编走"原则,原属县广播电视台、县网络传输中心的在编在岗人员全部划入县融媒体中心管理,其人员原有身份、待遇和经费渠道维持不变;原县广播电视台借出人员和《分宜报》《分宜发布》《江西手机报分宜版》的兼职人员及原县新闻网络宣传中心在编在岗人员,根据其个人意愿及其专业技能水平,分别理顺归属关系,既解决了人员关系不顺的历史遗留问题,又优化了资源配置。对于传统媒体来说,以业务运营倒逼制度改革已经成为行业惯例,县(区)融媒机构在开展各项新业务之际,也纷纷遵循扁平化架构,将原来的组织结构进行了调整,按照业务关系梳理了行政框架,打造出更适应现代传播体系的媒体组织。

第五,问题上也比较集中和趋同,主要体现在以下三方面。

1. 融媒技术成熟,但欠缺创新型应用和业务

2019 年 1 月 15 日,受中共中央宣传部委托,国家广播电视总局组织编制并审查了《县级融媒体中心省级技术平台规范要求》,规定了对县级融媒体中心提供业务和技术支撑的省级技术平台规范要求。中共中央宣传部和国家广播电视总局联合发布的《县级融媒体中心建设规范》则对县级融媒体中心技术系统的建设提出了总体架构、功能要求、基础设施配套要求、关键技术指标及验收要求等。可以说,国家对于县级融媒体中心建设的技术要求是规范和明确的。

而无论是人民日报社的"中央厨房"技术与模式,还是新华社的"县级融媒

体专线”①，抑或浙江报业集团、深圳广电集团等省一级的融媒技术方案，其适应国内融媒体内容生产、制作和传播的技术方案是成型的、成熟的，可以为县级融媒机构拿来所用。因而，当前更迫切的问题是，除了大屏展示、终端发送、舆情监控等业务应用，县（区）级融媒体中心还应在区域范围内容如何更深入地联系群众、引导群众、服务群众，并在此过程中探索基于成熟技术支撑的创新型业务？研究团队认为：在未来县（区）级融媒体中心发展的过程中，面向基层群众的需求，用场景化的服务链接社区用户，增进社区用户对本地媒体的关系黏性，是一条基本路径。

2. 相较缺资金、缺技术，县（区）级融媒体中心更缺人才

作为一项全面推进的国家战略，一方面，县（区）级融媒体中心的建设也自然会得到地方财政或多或少的支持，尤其是县级政府会进行一定的配套，这对于大部分县级传媒来说确实是难得的发展转型机遇；另一方面，市面上的融媒技术方案多元而成熟，可供选择的很多，对于技术平台建设来说也不算真正的难题。所以对于县域来说，真正值得关注的是人才难寻、人才难进、人才难留等问题。县级媒体原本就没有水平很高的写作、制作人才，而媒体融合在内容制作和传播方面都有更高的需求，比如虽然上马了最新的技术平台，但“在后期运营与维护中因为缺乏专业的人才队伍，往往容易出现技术平台使用率低、开发程度浅等问题”（张巨才、黄先超，2019）。没有专业的市场营销人才，离开了持续运营，县（区）级融媒体中心的持续发展也难以为继。人才成为摆在县（区）级融媒体中心发展面前的最大难题，只是县级传媒的人事待遇、编制等方面无法对人才形成真正的吸引，而即使是新引进的愿意留下来的年轻人，也需要考虑与在编老员工之间的对话、绩效分配等问题。所以人才队伍建设，以及配套的绩效考核机制会成为制约县（区）级融媒体中心发展的关键因素。

3. 造血能力不足的问题

大部分县级媒体的发展水平低、创收能力差，在被打造好后，如何才能持续发展，造血能力事关根本。在以上案例中，江苏邳州融媒体中心采用自主探索的模式，实施“融媒＋政务＋服务＋产业”战略，实现创收500多万。无独有偶，浙江省长兴县融媒体集团在2018年总营收突破2个亿，其中网络收入1.12亿，占总收入的48.3％，成为集团发展的第一大收入来源。依托稳定的网络收入，

① 2019年9月，新华社决定整合内部新闻信息、技术保障、用户服务等资源，打造一条专门为县级融媒体中心服务的新型供稿线路——县级融媒体专线。新华社县级融媒体专线是融文字、图表、漫画、音视频等于一体的多媒体发稿线路，设置11个栏目，依托全媒体采编发系统和全媒体供稿系统，通过供稿网站、RSS、FTP等互联网接口，连接用户内容生产系统或发布端。

长兴县融媒体集团发展了第二大营收项目——广告产业创收(占总收入的24.5%)和第三大营收项目——智慧型项目创收(占总收入的21.6%),从数据上看相较前者更胜一筹。当前来说,县(区)级融媒体中心建设的"典型"大多是经济基础较好的县区,或者小部分经济发展情况一般但是政府积极敦促并给予资金支持的县区。目前,绝大部分县区融媒中心都要靠输血,盈利者可谓凤毛麟角。对于县域经济来说,除了东西部经济发展不平衡的大因素之外,当地人口密度、产业结构、旅游资源等分布不均,也都是影响传媒发展策略的因素,因而因地制宜、主动出击是县(区)融媒机构唯一的出路。

四、研究总结

《关于推动传统媒体和新兴媒体融合发展的指导意见》在2014年8月份发布后,媒体融合成为国家治理体系的现代化手段,县级媒体作为现代传播体系的基础环节,承担着联系和服务基层群众的职能,因而在2018年之后成为媒体融合战略纵向推进的重点工作。

经研究明确:对于县(区)级融媒体中心建设来说,一是不再以媒体类型来区分,而是走彻底融合之路;二是定位于互联网时代基层宣传文化的重要阵地,党和政府治国理政的新平台;三是落脚于"引导群众、服务群众"。从以上三个基本原则出发,本研究团队给出的建设及发展建议如下:

(一)集约化务实性建设

以最小的投入和成本,集约化地实现"多来源采集、共平台生产、多渠道分发"的媒体融合目标应当是每一家县(区)级融媒体中心的追求。然而当前,"高大上""小而全"的软硬件设备采购已经在部分县(区)级融媒体中心建设中泛滥,如采购价格高昂的"大屏幕""中央办公区""直播车"等硬件设备,大批量购买云平台、舆情监测平台、指挥调度中心等软件系统,甚至有一种观点认为,"应趁这次县级融媒体中心建设的好机会,争取对县级媒体的财政包养",这实在是偏离了集约化打造融媒体平台的宗旨。

尽管县(区)级融媒体中心"由谁来建""具体怎么建",各地标准不一,建设主体和模式还各自有别,但以当地资源最优化的方式,因地制宜地进行整合建设为最上策。对那些先行先试基础较好,融媒体"中央厨房"建设较为成熟的地方,可以继续优化探索,加强横向纵向的合作,"小云"联"大云"。因而,建议省、市媒体积极投身县（区）级融媒体中心建设，将其纳入自身发展战略，打造全省一网、全市一网，帮助县（区）媒体机构以低成本、高标准模式快速推进融媒体中心建设。

（二）聚焦人才队伍建设

媒体的竞争归根到底还是人才的竞争，媒体融合的关键在于人。适当调度一部分资金用于人才引进、技能培养、团队建设，比花在形象工程上更有价值。县（区）融媒机构更需要的是人才，是能够以网民、年轻人喜欢的方式进行表达，有能力制作短视频、AR/VR、H5等新型融媒体产品，以及有相当水平的策划能力的人才，比如对当地政府工作报告以及文件精神进行宣传报道，能够通过一张可视图呈现、一首歌曲改词编唱、一个小视频演绎，或是一段动画解读——这种人才远比千万级别的设备更重要！

（三）更多思忖如何聚拢用户

当前关于媒体融合的讨论更多聚焦在传者端的平台建设或技术更迭，而不是用户端的需求变革，这倒置了媒介融合的逻辑。因而许多传媒机构有了技术平台，有了大屏和绚丽的数据，有了更多的内容，但并未有效聚拢起用户，传播的内容没有点击量、转发量、评论量，这种做法徒劳无益，只能沦为面子工程。还有一些县宣传部门、县级媒体虽然开通了"两微一端"，甚至入驻今日头条、抖音等时下最流行的内容平台，表面上看拓展了传播渠道，但从内容层面来看，许多县级媒体单位几乎是原封不动地将传统媒体模式下生产的内容照搬到了新媒体平台，没有考虑到互动性和用户心理需求，致使原有的用户也逐渐流失——没有用户时，一切融合都是空谈。建议县（区）级融媒体中心要更深入地同当地工业生产、农业生产和企业发展等紧密结合起来，以政府权威为背书，提供更多便民便企的服务，让县（区）级融媒体中心成为当地人生活的一站式服务平台，让人民群众真正觉得离不开、真有用，才有机会把"引导群众、服务群众"的工作落到实处。

（四）积极探索新盈利点

如前所述，县（区）级融媒体中心应强化自身的造血功能，大致可以从以下三个方向入手：一是提供各类便民的数字化政务服务，承接政务微博、政务微信等运营工作，收取运营服务费；二是为省市媒体提供当地资讯数据服务，或可对资讯数据做深度加工形成内容产品，通过供稿的形式收取内容服务费用；三是各种商业转化策略的使用，如分宜融媒中心下属的公司，通过组织策划文艺活动实现创收，邳州业务部门通过承接宣传片制作实现收益等，均实现了自身专业能力在市场上的变现。在这一层面上还有很多发挥空间，地方媒体可因势利导，积极对接用户需求和企业诉求，实现创收增收，为县域经济社会发展贡献力量。

参考文献

陈春、刘娟(2019年5月23日)，《年收入过2亿，这家县域传媒集团是如何盈利的?》。上网日期:2020年3月18日，引自 https://mp.weixin.qq.com/s?__biz=MzI1MDU4OTA0Mg==&mid=2247490115&idx=1&sn=690b4999c7c7d5d882fb48b04674fffa&chksm=e9fea05ede892948e991b0a1df1a906be575ef2d4c0247e43fe09f4e638683bbe47f0a5f6f0f&mpshare=1&scene=1&srcid=0523aVHQltkq2bo9TiX2dEPu#rd。

冯叶露，《县级融媒体中心建设与发展的五大“困境”》(2019年9月18日)。上网日期:2020年3月18日，引自 https://mp.weixin.qq.com/s?__biz=MzA5MDMzMzA4MA==&mid=2651788912&idx=1&sn=e23d018ae296106cf541a72a194f5c9c&chksm=8bf6fc87bc81759141aa61f48a47a1c69919da73e42eec8044b6dbb813988d6af2f73b4fbc37&mpshare=1&scene=1&srcid=1010DtMywYQ1YMcUWW9wFDDH&sharer_sharetime=1570676010314&sharer_shareid=c16879c40cc349d898950bc0bba8d197&pass_ticket=MbICG zanE6t1cY%2FTkFqEDcf%2Bn0x4OvTe8bMl9lu0jLvo%3D#rd。

付莎莎(2019)，《县级融媒之变:融媒体中心建设路径再探》。《今传媒》，第4期，页29-32。

国家广电智库(2018年11月5日)，《县级融媒体中心建设的江苏邳州方案》。上网日期:2020年3月18日，引自 http://www.Ttacc.net/a/news/2018/1105/54364.html。

谢新洲、朱垚颖、宋琢(2019)，《县级媒体融合的现状、路径与问题研究——基于全国问卷调查和四县融媒体中心实地调研》。《新闻记者》，第3期，页56-71。

张巨才、黄先超(2019)，《县级融媒体中心建设的实践探索与核心路径》。《中国广播电视学刊》，第5期，页104-109。

郑宇(2018年11月12日)，《县级融媒体中心建设，广电怎么看? 怎么办?》。上网日期:2020年3月18日，引自 https://mp.weixin.qq.com/s?__biz=MzA3MzIzMjY2OA==&mid=2651604553&idx=1&sn=9ee6f29dda9bd4292a9b3b56e2adb03b&chksm=84eade3ab39d572c4af6379c356a2ec1dc656a3c1535d590e472c1a06830a2b946cf98f4fd6e&mpshare=1&scene=1&srcid=06270N9CAeUqeIc6IXQyzCoN&sharer_sharetime=1570676049832&sharer_shareid=c16879c40cc349d898950bc0bba8d197&pass_ticket=MbICzanE6t1cY%2FTkFqEDcf%2Bn0x4OvTe8bMl9lu0jLvo%3D#rd。

新媒体环境下“讲好中国故事”的话语策略研究*

——以国家形象片《中国一分钟》为例

On the Discourse Strategy of “Telling Chinese Stories Well” in the New Media Environment: Take the National Image Film “One Minute in China” as an Example

◈ 时 影 潘薪宇**

Shi Ying Pan Xinyu

摘要:新媒体凭借其特有优势为“讲好中国故事”赋能,是国家对外传播与形象塑造的重要载体。国家形象片《中国一分钟》是新媒体短视频在中国故事对外传播中的重要实践成果。它深度融合了国家利益、执政理念、文化自信和文明交流互鉴等诉求,并着力在讲故事的语态、方式、内容和手段上进行了探索与呈现,为我们提升中国形象、增强国际影响力提供了有益借鉴:战略上着眼大局,政治价值与传播价值相统一;主体上整合传播,打造全媒体传播格局;方式上跨文化交流,创新对外话语体系;技术上体验为王,丰富故事呈现形式。通过上述策略,激发新媒体的正能量,增强国家形象传播的公信力、影响力和感召力。

Abstract: New media empowers “telling the Chinese story well” with its unique advantages. It's an important carrier for the country's external communication and image building. The national image film “one minute in China” is an important practical achievement of the new media short video in the dissemination of Chinese stories. It deeply integrates the demands of national interests, governing ideas, cultural self-confidence and mutual learning among civilizations,

---

* 本文系江西省社会科学规划青年项目“‘命运共同体’理念下网络空间的协商共治机制研究”(项目编号:17SH11)和江西省高校人文社会科学重点研究基地招标课题“‘互联网+’背景下廉政治理的智慧化路径研究”(项目编号:JD17110)的阶段性研究成果。

** 时影,博士,南昌大学廉政研究中心研究人员,南昌大学公共管理学院讲师,新加坡国立大学访问学者。潘薪宇,中国传媒大学电视学院硕士研究生。

and explores and presents the voice, way, content and means of storytelling, which provides useful reference for us to enhance China's image and international influence. The main measures are as follows: focusing on the overall situation strategically to unify political and communication value; integrating communication on the subjects to create all-media communication pattern; promoting cross-cultural communication to innovate the external discourse system; improving the technological experience to enrich the form of story presentation. We can stimulate the positive energy of new media and enhance the credibility, influence and appeal of national image communication through the above strategies.

关键词:新媒体,讲好中国故事,国家形象,《中国一分钟》

Keywords: new media, tell the Chinese story well, national image, "one minute in China"

伴随着我国综合国力与国际地位的提升,当代中国呈现给世界的"中国故事"正在吸引越来越多的国际关注。世界渴望了解客观、真实、全面的中国,中国也需要向世界发出声音。习近平总书记多次强调要"讲好中国故事,传播中国好声音"。可以说,加强国际传播能力建设、提升中国国家形象、增强国家文化软实力和掌握国际话语权,已成为事关中国和平发展、与世界合作共赢的战略性问题。在新媒体技术迅猛发展的今天,传媒格局、传播手段和传受关系等都发生了深刻的变化,互联网成为国际舆论场的重要载体并覆盖更广泛的受众,由此为"讲好中国故事"带来巨大的机遇与挑战。因此,在复杂的国际舆论场中探求利用新媒体"讲好中国故事"的话语策略和提升空间,成为当前理论和实践领域亟待解决的重大课题。

基于此,政治学、行政学和新闻传播学等领域的众多学者围绕"讲好中国故事"的问题进行了较深入的关注和思考,并积累了较丰富的研究成果。整体而言,国内学界对中国对外传播的现状认识深刻,相关研究主要包括从国际传播理论出发的传递效果研究、从新型视听传播发展方向出发的传播路径研究、叙事学视角下的对外传播内容与形态研究、"战略传播学"和"文化叙事学"交叉视角下的中国元话语研究。就"讲故事"的具体策略而言,较具代表性的探讨主要集中于如下几方面:以官方话语为主导的"讲好国家故事"研究、以媒体话语为主导的"讲好媒体故事"研究、以学术话语为主导的"讲好国民故事"研究及以市场话语为主导的"讲好全球故事研究"。上述成果为深化"讲好中国故事"相关研究奠定了良好基础。但不容否认,现有努力仍未成熟,尤其是以新媒体为背景的研究多侧重于内部传播而缺乏新形势下中国对外传播的实践与理论互动。因此,本文将以政治学、传播学相关理论为依托,在挖掘新媒体传播特色与规律的基础上把握"讲好中国故事"的基本诉求与着力点。研究的侧重点在于深入考察新型视听传播代表——"短视频"的传播实践,选取国家形象片《中国一分钟》作为典型个案进行集中探讨,探求利用新媒体"讲好中国故事"的话语策略和提升空间,在此基础上尝试提出较系统的提升中国形象、增强国际影响力的传播策略。

一、"讲好中国故事"的新媒体赋能

中国故事是中国人生活价值体系的一系列叙事或故事,它构成了国家形象塑造的文本和序列,而讲故事的载体与方式影响着国家形象的全方位表达。新媒体作为一种新兴的社会空间载体,它不仅仅是信息技术高度发展的产物,更是人的思想、精神与技术的复合体。它以数字化、信息化的存在和运行方式开创了一个跨边界通信的新时代,并因其强大的社会渗透力与影响力成为国家对外传播与形象塑造的重要传播载体。

(一)中国故事与国家形象塑造

中国故事是中国文化及其核心价值观的直观体现,也是中国形象和中华民族软实力的集中象征。当今国际社会的交流与合作加深,竞争与冲突并存,我们所面临的首要任务便是对"我们是谁"做出清晰有力的回答,对"我们将在国际格局中扮演何种角色"进行准确严谨的定位,使外国受众从中解读出中国的特性、命运和希望,由此为我国营造正面国际舆论,塑造良好国家形象。换言之,"今天讲好中国故事,一方面,是要以多种方式、多重渠道来塑造正面国家形象,向世界展示当代中国民主、法治、繁荣、进步的国家形象,展示充满自信、雍容大度、以平等态度对待其他民族的中华民族形象,展示有着悠久历史、深厚文化积淀同时又不断创新、充满活力的中华文明形象。另一方面,就是要深刻把握国家软实力和国家重大战略利益间的紧密关系,超越简单的经济价值至上观,形成可以与西方世界平等对话的具有中国品格、中国特色的价值体系"(徐占忱,2014)。

(二)新媒体的传播特色与优势

就故事“讲述者”与“听讲者”的互动关系而言,中国故事能否讲好在很大程度上还取决于信息沟通与传播的技术水平。而伴随着新媒体技术的迅猛发展,网络社会自由开放、多元平等、多向交互的优势日益凸显。网络不再单纯是人类器官延伸的工具,更是全新的生存空间。在新媒体技术所构建的信息平台上,信息经数字化处理后瞬时传播并无所不及,从而重塑了信息的生产格局和传播规则,进一步彰显出其讲述中国故事、塑造国家形象的独特优势和重要作用。

具体说来,首先,新媒体以其消解传统权威的去中心性媒介特质,革新了传播方式,传播主体逐步趋向于多元化。相较于传统媒体,新媒体唤醒了主体个性,受众获得了更多参与传播活动的空间与机会。尤其是随着微博、抖音、数字电视、移动终端等多媒体形式的广泛应用,几乎所有人都可以借助诸多内容聚合平台参与政治生活与传播活动,直接对政治现象、事件或制度等发表评论,做出价值判断和行为选择,进而影响政策议程和政治事件走向,从而为国家形象传播主体的多元化创造广阔的空间。其次,它带来了话语视角的改变,推进了官方与民间两个主体间的话语互动。一个国家的形象建设工程任重而道远,需要官方渠道和民间层次的共同支持才能实现。在新媒体环境中,政府人员和普通群众都拥有一定的话语权。群众不再局限于被动接收媒体信息的单向灌输,而是传播活动的积极参与者和监督者。这样,官方和民间双方得以在自主表达和双向互动中为国家形象建设和传统文化传承发挥积极作用。再次,它突破了时空限制,呈现出时间的广泛性和空间的多维性,为国家形象建设创造了崭新的话语空间。众所周知,在当前复杂多变的国际局势中,一些发展中国家和发达国家在话语权方面仍存在不平衡的情况。部分发达国家利用强大的媒体资源和媒体技术来表达自己的观点,然而一些发展中国家受到自身经济技术发展水平的制约,无论是传播信息还是观念,都很难渗透到发达国家的话语体系中去。而新媒体则以其独特的优势,打破了这一困难局面,大大拓展了国家形象建设的话语空间。最后,它优化了人们的阅读与观看体验,提升了传播效能。新媒体时代信息表达模式与话语传播因其瞬时传播、形式多样和彰显个性的特质,使得故事讲述和形象塑造更加契合受众的认知特点、思维习惯和心理需求,因而也更容易激发情感共鸣,强化国家认同。

(三)新媒体短视频在中国故事对外传播中的应用

近年来,国内主流媒体在塑造全新中国形象方面加快步伐。自 2001 年北京申奥通过 4 分钟宣传片《新北京,新奥运》第一次向世界展示中国新气象以来,中国政府对公关战略和形象宣传重要性的认识愈加深刻;加之新媒体技术的发展进步,大大推动了视觉呈现的推陈出新,国家形象宣传片日益成为国家形象塑造的重要渠道。在这一背景下,作为媒介融合产物的短视频以一种新型传播形式进入大众视野并得到普遍接受和认可。与以往的大众传媒不同,短视频主题聚焦、内容精练、可以随时随地在移动终端上观看,从而满足了大众对功能集成化、需求多样化的要求,为人们在碎片化时间里了解世界变化提供了便捷的通道,也为国家形象建构提供了新的媒介形态和信息传播模式。

在媒介融合的趋势下,国家形象片的创作基调和风格出现了较大的转向。中央电视台、新华社、《人民日报》等多家主流媒体紧跟发展潮流,积极打造各具特色的高质量短视频栏目与专题报道,并在各大视频门户网站推出。这其中包括党的十八大后推出的《领导人是怎样炼成的》《中国共产党与你一起在路上》《十三五之歌》等。2018 年,人民日报新媒体先后推出《中国一分钟》系列短视频,包括国家篇 3 集、地方篇 32 集、新版《中国一分钟》3 集。该系列短视频全景式地展现了祖国的大好河山、风土人情和发展成就,一经推出便引起热烈反响和广泛共鸣,取得了舆论引导和国家形象传播的良好效果,对"讲好中国故事"具有重要的借鉴价值。

二、《中国一分钟》"讲好中国故事"的话语策略定位

国家形象片《中国一分钟》是新媒体短视频在中国故事对外传播中的重要实践成果。它之所以能在庆祝改革开放 40 周年的众多作品中"突围"成为爆款,首先得益于其定位精准的生产理念、价值内核和话语策略。它对国家利益和执政理念的坚守,对文化自信和文明交流互鉴的彰显,使得其在传播过程中展现出巨大的影响力和感召力。

(一)立足国家利益,提升国家形象

美国国际政治学者罗伯特·杰维斯指出:"一个理想的国家形象,通常比军事和经济实力的大幅增长还有用。一个糟糕的形象却导致很大损失,而这一损

失，是任何通常的实力都无法弥补的，而且成为一个难以逾越的障碍。”（Robert Jervis，1970）国家形象是国家需求和国家利益的重要体现，它影响着一国在国际社会中的地位、认可度及在国际事务中的话语权。对当代中国来讲，“国家形象在某种意义上将决定中国改革发展的前途和命运”（乔舒亚·雷默，2008）。而形象＝行为＋传播，国家形象主要取决于国家行为，并通过国际传播来形成。因此，现阶段讲好中国故事的基本诉求点就是塑造并提升中国的国家形象。

《中国一分钟》聚焦国民生活、科技创新、时代成就、环境保护、经济贸易、生产消费、文化交流等多个领域，以小见大、以微观映射宏观地讲述了中国大地上一个个鲜活生动的故事，借此全方位、多层次地向世界展现了一个客观、真实、立体化的中国形象，让世界人民看到了一个坚持改革开放并全面发展的中国、一个日益繁荣强大但始终热爱和平的中国。在这一过程中达到传播真相、消除误解、传播中国声音的目的，由此中国的国家利益得到了更好的维护。

（二）强调以人为本，强化国家认同

如果说前文所述国家形象侧重于强调国际舆论和他国民众对中国的总体印象的话，那么国家形象的另一个应有之义则是本国公众对祖国的综合认知与评价，它直接关系到本国公众的国家认同与归属感。一直以来，“以人为本，执政为民”是我们党和国家所秉承的执政理念。《中国一分钟》看到了每一个普通中国人的主体价值并予以多维表达，以此调动民众的幸福感与获得感，是构建国家认同的积极尝试。

改革开放40年，是中国人民和祖国一道由“富起来”到“强起来”的探索历程。一个个普通中国人的身上，承载着最平凡的价值观和精神操守。他们是历史的推动者，更是中国形象的代表。《中国一分钟·跬步致远》的画面中，有铁路质检员黄望明、纺织工许小英、研究院侯蓉、农民窦正宝、采油地质工孙雨飞、工人江勇、环境监测员杨晓雪、游泳运动员闫子贝、军人许利强……从他们身上，我们可以真切地感受到中国各行各业千千万万普通的劳动者在各自岗位上每一分钟所取得的进展都在汇聚中国力量，每一分钟所付出的努力都在成就中国奇迹。每一个普通的你我，都在展现着中国进入新时代的开放和自信。《中国一分钟》以中国人个体作为视角切入，将人类的共同情感和价值作为主要基调，契合现代西方人本主义的思潮，有助于实现中西方在价值理念上的对话与契合。

（三）坚持文化自信，壮大文化软实力

中国故事承载着中国人的梦想，沉淀了中华民族的精神气质，在当今更彰显着中华民族对人类文明的贡献。从长远来看，讲好中国故事将有助于推动中华优秀文化的传承与传播，在与世界的交流、对话和沟通中获得更多的关注、理解与支持，进而增强我们的文化软实力。

《中国一分钟·地方篇》对我国各个省份独特的人文风貌与发展路径进行了全景式的展现。每个宣传片的主题都高度凝练，如"广东一分钟·业广惟勤粤创粤新""浙江一分钟·勇立潮头继续出发""内蒙古一分钟·守望相助共谱新篇""黑龙江一分钟·大步向前""西藏一分钟·幸福团结""云南一分钟·人和景明""江西一分钟·历久弥新"……其中所蕴含的，恰恰是我们中华民族世代坚守的"团结友爱、亲仁善邻""志在千里、自强不息""务实求新、不断进取"等精神与价值观。它们集中展现了各地区发展的美好愿景和国家治理的鲜明特色，既是中国人民的整体利益与共同期盼，更是对中华民族传统美德的继承与发扬。除此之外，《中国一分钟》还通过展现外国人品尝中国美食，了解中国京剧和中国书法，使用中国"新四大发明"为其生活带来便利等，让世界再一次感受中国魅力与中国价值，让人们更加坚信中华文明将同世界文明一道，共同推动人类命运共同体建设。

（四）促进文明交流互鉴，掌握国际话语权

改革开放 40 多年来，中西方交流日益广泛和密切，建设文化强国、加强文化输出的重要意义愈发凸显。为此，以习近平同志为核心的党中央提出了以文明交流互鉴为特征的中国文明观，展现了中国话语体系与世界话语体系相融合的真诚意愿与诉求。

在《中国一分钟·美美与共》中，通过追问"这一分钟世界会发生什么"，全方位展现了中国在文化交流、交通互联互通、经济贸易和投资生产等多个领域所做出的努力与贡献。考虑到外国受众的心理感受与需求，在讲述时出现了多元主体：中国公民、中国企业、中国政府与世界，以自由开放、亲切友好的叙事姿态，自信、从容地展现了勤劳勇敢的中国人民形象、大胆开拓创新的中国企业形象和强大而负责任的中国政府形象。在话语表达中，让世界了解到中国与世界共享创新发展成果的理念，也传递了中国人民与世界人民共同的价值追求，彰显了美美与共的命运共同体精神。这种叙述方式配合新媒体技术，有助于我们

突破国界限制和文化差异传播国家主流价值观念，进而在不同文化体系间异中求和，实现情感互通和认同。

三、《中国一分钟》“讲好中国故事”的微观技巧呈现

《中国一分钟》集中体现了当前“讲好中国故事”的基本诉求和着力点，这为我们“讲好中国故事”的实践提供了方向和机制保障，而在此基础上创新其叙事方式和表现技巧，成为《中国一分钟》制胜的另一个关键因素。《中国一分钟》将制作创意和新媒体传播特点充分结合，在“讲故事”的语态、方式、情感、手段等方面都进行了很好的探索，真正做到了“以新塑形、以真叙事和以情动人”（张意轩、尚丹，2018），从而有效提升了传播的时效性和内容的普适性。

（一）“讲故事”的语态：创新一分钟概念，大数据解构影像

《中国一分钟》系列微视频分别于两会期间、国庆期间推出，恰逢关键时间节点。《人民日报》跳出了传统视频以特定人或物为叙事主角的窠臼，而是从海量信息中提炼出“一分钟”的“内核”，以此串联起全国各地、各领域的改革开放发展成果，可谓另辟蹊径。从人口、就业、国民生活、科技、环境、“新四大发明”，到生产、经济、贸易，改革开放 40 年的成就源自每一分钟的积累，而每一分钟的变化又是可视化的。这不仅符合受众对信息精准度的需求和碎片化阅读的习惯，也为世界了解当下的中国打开了一扇新的“窗口”。

为了更好地支撑起“一分钟”的概念，《中国一分钟》选择挖掘宏观数据并进行可视化表达。其中的难点也是亮点在于，用数字解构影像，用真材实料传递有价值的信息，同时又力避千篇一律，尽可能凸显各地独特风貌和精神气质。“一分钟，网上商品零售 1,043 万元；一分钟，快递小哥收发 7.6 万件快递……”，海量而宏观的数据被拆解并具象为一分钟的直观数字，丰富的信息含量与精心选择的文字、画面和背景音乐巧妙地衔接与配合，营造出不一样的视觉美感与情感体验，使得受众在不知不觉间将人与家乡、祖国深度关联，并生发出充沛的认同与感动。由此，《中国一分钟》呈现出一种游走于纪实性与艺术性之间的强大影像力量，为国家形象片的制作提供了新的思路。

（二）“讲故事”的方式：小切口大叙事，讲中国人的中国故事

《华尔街日报》的资深头版撰稿人布隆代尔（Blondel）曾这样说道：“在所有

伟大的故事创意中，都有一种人性的展现。”（威廉·E.布隆代尔，2006）当下中国人生命价值的追求和实现，是“中国故事”要重点发掘的对象。在改革开放40周年这个大架构的选题下，《中国一分钟》放弃了“大历史”“大成就”的宏大视角，转而聚焦“一分钟”这一每人都切身可感的时间刻度与观察角度，用凝练的文案、直观的数字和精美的画面，生动展现了在一分钟内“中国会发生什么、你能做什么、世界在发生什么”。

在《中国一分钟·跬步致远》中，从“一分钟，铁路质检员黄望明能检查完列车的一个转向架；一分钟，纺织工许小英可以做好一双鞋面；一分钟，农民窦正宝能耕地十来个平方……”到“一分钟，中国人新建改建596.66米的公路；16小时，中国人完成港珠澳大桥岛隧工程最终接头的安装；这一年，中国人创造82.71万亿元的GDP……”，恰当地印证了短片结尾习近平总书记所说：“千千万万普通人最伟大，幸福都是奋斗出来的。”从“中国人个体”到“中国人群体”的展现，是《中国一分钟》“讲故事”的特色方式。与曾在纽约时代广场展播的《中国国家形象片·人物篇》相对比，典型人物的群像化描写缺乏讲述普通中国人独特的生活经验与内心情感，而《中国一分钟》对普通个体的故事化观照，为宏大的主题注入了鲜活的血液，增强了宣传的亲和力与说服力。

（三）“讲故事”的内容：激发情感共鸣，构筑价值共识

为了进一步强化视频与受众间的深度关联，《中国一分钟》致力于用真情实感激发受众的情感共振，由宏大叙事转向感性的走心呈现。一方面，以更平易近人的传播手段、更打动人心的画面去激发受众的兴趣和情感，避免公式化的镜头、脸谱化的叙述和刻板生硬的说教。黑龙江飞扬的雪花、四川茶社的茶香、云南茶马古道的铃声，细小却触动人心；在安徽登顶黄山、在山东游历“三孔”、在江西观看陶瓷工艺品制作成型，画面鲜活而充满艺术感染力。视频每一分钟内呈现的祖国日新月异的发展变化、涌动在家乡大地上的蓬勃活力，都令人激情澎湃。这些镜头汇聚成一种语言合力，把公众带入一个微观的感受单元，不由自主地生发出对家乡、对祖国深深的认同感和自豪感，进而实现了个人情感和家国情怀的有机统一。

另一方面，通过优化话语传播和表达方式，润物无声地传递价值共识。在《中国一分钟·美美与共》的展示中，“一分钟，从深圳开往明斯克的中欧班列前进2,000米；一分钟，2,917.1万元商品走出国门；一分钟，154.3万元资金投向海外……”，这些有力地说明了中国的每一分钟都与世界经济紧密相连，中国文

化、中国创新、中国科技的每一分钟的都在为世界助力添彩。在《中国一分钟·美美与共》的片尾，不同国家、种族和肤色的人们面向镜头展现灿烂的笑容，恰恰是在向世界传递这样一种价值共识："中国人民愿同世界人民一道，推动人类命运共同体建设，共创人类的美好未来。"由此，在入眼、入脑、入心的传播中建立起用户的价值判断共同体和情感传递共同体。

（四）"讲故事"的手段：融媒体内外联动，实现传播共振

《中国一分钟》在上线后所获得的热烈反响和巨大成功，同样也离不开其成熟得当、行之有效的运营模式和推广流程。尤其是项目内外联动、线上线下配合的传播模式和分发机制，保障了该系列短视频的顺利推进。具体来说，对内报网融合，《人民日报》要闻版配发带有各篇专属 LOGO 的视频二维码，并通过《人民日报》官方微博、微信和客户端首发，以一天一集的节奏规律性发布；视频在新媒体平台发布后，各大门户网站、视频网站和 App 等第一时间跟进转发，各卫视频道、自媒体和微博大 V 等关注聚焦；多处线下渠道（如户外 LED 屏、机场、地铁和公交系统屏幕等）循环播放、积极互动，从而触达更广泛的受众和用户。对外同步推进国际传播，每天在英文客户端和海外社交账号上发布英文版视频，更有效地整合了国际传播资源，形成了海内外互动。总之，《中国一分钟》通过传统媒体与新媒体、中央媒体与地方媒体、国内与海外、线上与线下的多方联动与深度融合，打造出多链条传播和融媒体矩阵，最终达到了同频共振的传播效果。

四、《中国一分钟》对"讲好中国故事"的借鉴意义

《中国一分钟》的成功实践为我们"讲好中国故事"提供了很好的启示与借鉴。不难看出，讲好中国故事是一个需要从战略到行动乃至人员技术等各方面统筹谋划、协同推进的系统工程。在宏观层面加强统筹协调，在操作层面找准突破口和着力点，依托新媒体技术构建全媒体格局，在有效整合各类资源的基础上构建对外话语体系，增强国际传播能力，由此向国际社会展现更加真实、立体、全面的中国，在国际舆论格局中掌握主动权和话语权。

（一）战略：着眼大局，政治价值与传播价值相统一

国家形象传播在根本上是为国家利益和国家战略服务的。新媒体短视频

不仅是信息传播的有效载体,更是塑造国家形象和展现国家软实力的重要渠道之一。这就要求短视频国家形象片要始终把握好政治思维,着眼政治大局,在事关中国道路和核心价值观的问题上及时、准确地传递国家声音,对热点问题和重大突发事件主动发声凝聚共识,引导国际舆论客观、全面、深入地看待发展中的中国。《中国一分钟》在内容、画面、声音上的选择恰到好处,意象的组接凸显每部短片的政治主题,结尾习总书记的讲话为短片画龙点睛。该片将政治大命题具象化,使观众在潜移默化中感受中国的政治思维,这为我们讲好中国故事提供了良好的借鉴。

需要指出的是,"要增强对外传播的吸引力和公信力,必须强调政治与专业的平衡,实现政治价值与传播价值的统一"(张昆,2013)。传播工作者的重要职责之一,在于促进各国文明交流互鉴,增进各国人民情感沟通。为此,媒体从业人员在传播事务中应坚守职业操守,提升专业素养,尊重传播规律并着力增强自身新闻采集能力和传播能力。在新媒体时代,更应积极适应传播技术的变化,主动接轨新闻传播领域的国际常规,把握中西方传播生态与文化差异,全面、清晰、准确地理解目标受众,从而提升中国对外传播的影响力与公信力。

(二)主体:整合传播,打造全媒体传播格局

利用新媒体向世界传播中国声音,要大力加强队伍建设,培养具有国际视野、精熟业务、会讲故事的人才。换言之,建设一批符合时代发展要求的新媒体人才队伍,是讲好中国故事的前提和基础。一方面,依托国内外一流高校与科研单位,培养政治学、行政学、新闻传播学的跨学科优秀新媒体人才队伍,提升从业者的专业素质,同时优化人才引进政策,着力引进高素质对外传播从业人员;另一方面,加强与国际同行的对话,积极鼓励主流媒体、政府部门等学习先进经验,推动新形势下"讲好中国故事"能力的不断进步与发展。

当然,在全球化、信息化的背景下,人们可借助多个渠道感知某一国家的形象。这意味着国家形象建构既要依靠官方主流媒体,也要看到各种非主流媒体、非专业媒体和其他人际传播和跨文化传播(如孔子学院、国际会议、体育比赛、音乐影视传播乃至旅游留学等)的重要作用。因此,讲好中国故事不仅仅是国家对位宣传部门的事情,还是政府主导下的全民参与事业和各方协同推进的系统工程。在线上,我们既要借助 Facebook、Twitter、WhatsApp、YouTube 等国际成熟社交媒体快速融入国际舆论场,又要积极推进微博、微信等国内社交

媒体“走出去”;在线下,我们要鼓励社会组织、企业、教育机构和公民个人等的共同参与,大力提升全体国民的文化素质和媒介素养,形成人人参与、人人分享、人人讲述的传播格局,从而发挥国内与国际、线上与线下、官方与民间的联动效应,使“中国声音”滚雪球式地形成“中国声浪”。

(三)方式:跨文化交流,创新对外话语体系

正如奈斯比特所说,当今中国有很好的“故事”,却缺少理论上相应的好的“话语”来讲述它(李德顺,2014)。其中,中西方文化差异造成的隔阂是讲好中国故事面临的最大困境之一。不同的语言体系、意识形态环境、制度环境和文化习俗,造就了国内外宣传对象不同的思维习惯和价值观念,进而造成了他们对同一事件的不同解读和不同立场。因此,打造融通中外的新概念、新表述,尽可能借助西方国家更易于理解和接受的话语体系去讲述和阐释中国故事,有助于我们在激烈博弈的网络信息格局中掌握主动权和话语权。在中国故事的对外传播中,应在坚守权威性原则的前提下顺应互联网思维,了解国外受众的心理需求、语言表达习惯、审美观念和文化习俗,用亲切平和的传播态度和生动有趣的呈现方式讲述好中国故事,实现有效传播。

在这方面,在跨文化交流的背景下借助国外受众的视角进行国际传播是对外“讲好中国故事”的有效路径。具体来说,主要包括三点:第一,让外国人传达“中国故事”,这一点在《中国一分钟》中有具体体现,即通过让外国人品尝中国美食、了解中国京剧和中国书法、使用中国“新四大发明”为其生活带来便利、共享中国创新发展的成果等阐释“中国变化为世界添彩”;第二,让外国人成为中国社会的观察者,BBC曾经拍摄的纪录片《中国学校》《中国故事》在这一点上为我们提供了很好的借鉴,他们客观冷静地看待中国的现状与存在的问题,让我们了解国外观众的关注领域,为我们提供新的视角;第三,让外国媒体参与“中国故事”的制作,如中央电视台与英国BBC双方资源互换、通力合作,合拍的纪录片《魅力中国》获得了热烈反响和巨大成功,由此创造了双赢的局面。

(四)技术:体验为王,丰富故事呈现形式

麦克卢汉在论及媒体与人体的关系时指出:“任何媒介都不外乎是人感觉能力的扩展和延伸。”(马歇尔·麦克卢汉,2000)新媒体平台在《中国一分钟》的应用实现了国家形象建设的转型,从传统的单向沟通模式成长为双向互动的形

式。国家形象宣传片不再局限于电视和大屏幕广播的单向传播,社交媒体所独有的互动功能为观众提供了更多的参与途径和表达意见的空间。

在当今"技术为王"的全媒体时代,我们试图将无人机航拍、虚拟现实、增强现实和人工智能等新兴技术手段运用到视觉叙事中,从而丰富中国故事的呈现形式,强化受众的沉浸体验。利用虚拟现实技术来讲述中国故事,介绍中国最新科技成果、中国传统文化习俗和自然山河风光,有利于充分展示中国的社会面貌,让观众从第一视角体验真实社会,进而根据观众的需要构建"超现实"的中国风貌。在与用户的互动中,可充分发挥新媒体去中心化和分众化的传播优势,通过有效组合音、视、图、文等形式优化用户体验,满足受众多元化、个性化的需求,从而使中国故事成为"有流量"的公众话题,多角度实现国家形象的构建。

综上所述,在日益复杂的国际形势下,新媒体空间已成为当今社会国际舆论和国际话语权的必争之地。《中国一分钟》对新媒体短视频在中国故事对外传播的实践中具有重大的示范意义,它以一分钟的微视角,以微观映射宏观的叙事方式、精确化的对口传播及独特而统一的形态架构让其有了更广阔的传播空间和更优质的传播效果。基于此,借助新媒体讲好中国故事,就要始终以国家利益为核心,积极推进传播策略、渠道、方式和技术手段的创新。在当下机遇与挑战并存的时代洪流中,构建更完善的理论框架以指导中国故事的对外传播实践,深挖新媒体的巨大能量,从而使我国在激烈的舆论竞争之中占据制高点并掌握主动权。

参考文献

李德顺(2014 年 3 月 24 日),《如何用"中国话语"讲透"中国故事"》。《北京日报》,第 13 版。

马歇尔·麦克卢汉(2000),《理解媒介——论人的延伸》(何道宽译)。北京:商务印书馆。

乔舒亚·库珀·雷默(2008),《中国形象:外国学者眼里的中国》(沈晓雷等译)。北京:社会科学文献出版社。

威廉·E.布隆代尔(2006),《〈华尔街日报〉是如何讲故事的》(徐扬译)。北京:华夏出版社。

徐占忱(2014),《讲好中国故事的现实困难与破解之策》。《社会主义研究》,第 3 期,页 20-26。

张昆(2013),《当前中国国家形象建构的误区与问题》。《中州学刊》,第 7 期,页 168-171。

张意轩、尚丹(2018),《“中国一分钟·地方篇”系列视频创作谈》。《青年记者》,第 11 期上,页 29-30。

Robert Jervis(1970). *The Logic of Images in International Relations*. New Jersey: Princeton University Press.

融合战略下广电媒体组织文化转型的困境与路径研究

Research on the Dilemma and Path of the Cultural Transformation of Broadcasting and Television Media Organization under Media Convergence Strategy

◈ 张 静*

Zhang Jing

摘要:本文采用深度访谈与田野式观察的方法,以J广播电视集团融合实践为例,揭示媒体融合战略下传统媒体转型过程中组织文化转型的困境,并指出这一困境主要源于组织文化惯性。要解决这一问题,首先,必须转变组织的自我意识,打破原有文化中单一发展路径,打造开放的平台;其次,改造组织的自我意识系统,构建组织新文化,建立共享文化体系。

Abstract: This article adopts the methods of in-depth interview and field observation, taking the integration practice of J Broadcasting and Television Group as an example, reveals the dilemma of organizational cultural transformation in the process of traditional media under the media integration strategy, and points out that the dilemma mainly stems from organizational cultural inertia. To solve this problem, firstly, we must change the organizational self-awareness, break the single development path in the original culture, and build an open platform; secondly, we should transform the organizational self-awareness system, build a new organizational culture, and establish a shared cultural system.

关键词:媒体融合,电视媒体,组织文化,共享文化

Keywords: media convergence, television media, organizational culture, shared culture

---

* 张静,南京大学新闻传播学院讲师,研究领域为大众媒介与管理。

2014 年 8 月，“媒体融合”战略正式通过国家审议，成为新时期指导传媒业发展的基本精神。为响应国家号召，各级广电媒体积极开展新旧媒体融合发展的转型工作。随着融合进程的不断推进，实践发现与新业务模式不相适应的组织文化日益成为业务发展的障碍。如何打破固有组织文化形态，形成能够促进媒体融合发展的新型组织文化，成为各级广电媒体探寻发展路径的一项重要任务。

纵观相关文献，现有关于组织文化的研究多集中在管理学领域，单独将传媒集团的组织文化作为研究对象的甚少，多数研究聚焦于整个组织的变革，文化研究只作为众多层面中的一部分。如任晓刚等人(2016)研究指出，传统媒体在流程再造的过程中，应重构“五大业务主体”，其中一个是塑造组织文化，“突破传统媒体的固有模式，以建设学习型组织为抓手，塑造扁平化、开放性的追逐结构，建立起全员共同奋斗的愿景”。也有学者从宏观角度分析了新老媒体融合中的文化差异问题，并指明文化差异是关键因素。如彭兰(2015)在《文化隔阂：新老媒体融合中的关键障碍》一文中论述了“在传统媒体向新媒体转型以及新老媒体融合过程中文化性障碍是最关键障碍之一”，深入分析了新老文化的差异及其成因。

在研究方法上，研究者大多采用案例研究法，将对象限定为某广电(或某报业)集团，甚至某频道或栏目，通过访谈、问卷调查等方法，探究组织内部文化的类型、功能、影响等。如赵蓉(2011)以央视的《智慧树》栏目为例，通过个案分析了解媒体组织中核心业务与组织文化之间的关系，继而进一步探索栏目文化与频道文化之间的关系，最后得出结论：“媒体组织文化的建设，是在基于所有成员对于核心业务、核心理念的共同认知和理解基础上，形成基本假设，即对自己在传媒格局中的使命和角色具有清晰认识，并在价值观和物质层面进行有意识的建构。”

在本研究中，笔者试图以 J 广播电视集团(以下简称 J 广电)为例，通过田野式观察法及深度访谈法，对融合战略下组织文化转型过程中出现的问题予以探讨并尝试进行对策分析。

一、融合战略下媒体组织文化转型之现状

随着媒体融合战略进程的发展，融合已不仅是产品及其形式方面的融合，更重要的是深层次的知识、智慧与文化的融合。新老媒体的文化差异充

满了融合的整个过程,本文将通过J广电调研,说明组织文化转型中凸显的若干问题。

(一)融合的目标尚未形成共识

自“媒体融合”一词出现,融合理念就通过各种政策条例及行政指令引导传媒业发展。在此过程中,每个组织及成员都不同程度感受到这个理念带来的变化,媒体融合成为行业共同的话题,转型成为组织趋势,改革成为组织成员共同面对的问题。

访谈中,关于融合的前景,员工们所持态度各不相同。总体来看大致分为三种。

首先,比较积极的是一部分人认为融合是大势所趋,认可组织的融合理念并相信融合前景是美好的。

> 融合,我认为应该是一个趋势,随着技术的进步,……融合是更好的一种创新,是一种创新的模式,让用户感受到多样的消费途径,给他们更多的选择。这是时代的要求。(访谈 6)
>
> 我觉得媒体融合是未来发展的一个大趋势。大部分人每天都在接触各种媒体,特别是网生代,本身的这种生活习惯是离不开媒体融合的,每天的生活中就要接触各种各样的媒体,从这方面来说,媒体融合是一个大的趋势、大的背景。(访谈 14)

当“媒体融合”上升为国家战略后,员工的认同感明显增加,从最初的概念模糊到逐渐理解并认可融合的理念,并坚信媒体融合能够引领行业今后的发展。

其次,组织中另一部分员工对融合持消极态度。他们认为实践中不存在所谓的“媒体融合”,传统媒体和新兴媒体分别属于两个完全不同的系统,具有本质上的差异,根本无法互相融合,“媒体融合”是个伪命题,并不成立。

> ……我觉得融合媒体是一个伪命题。没有一个媒体能成为融合媒体,因为……。你说我们想做融合的事情,我觉得是可以的,但是想变成一个所谓的梦想中的融合媒体,那是伪命题,绝无可能。(访谈 32)

最后，从实践角度来看，理解和认可只是第一步，大量的实际工作中存在着另一种质疑，“知之非难，行之不易”，即究竟如何贯彻执行融合相关政策及指令才是根本问题。

> ……媒体融合，在我们这里碰到的其实是怎么在冲突状态中达到效益最大化的问题，而不是真正意义的媒体融合，因为我们没有办法做真正意义的媒体融合，虽然上面有这个要求，他们也没想清楚怎么做……（访谈 30）

理念驱动行为，直接影响员工的思维方式和工作方式，对融合理念的低认同就意味着缺乏革新动力，个体懈怠，组织转型便难以实现。

> 我们的思维定式也是有的，而且我们为什么要转换，我们就是要保住电视啊，我们没有这个刚需。我们其实有这个意识，但并没有很强的推动力要求我们去把新媒体做好。……（访谈 15）

有学者指出，传统媒体的融合表现为“姿态性融合”，这表明在一定程度上融合仅浮于表面，实践中并不能真正落实。访谈中一部分员工“知未必行”的态度也印证了这一说法，从另一个角度更加能够说明员工对融合前景模糊而不知所措的状态。

> Q：在融合的过程中，您觉得您下面的员工对融合的态度是怎么样的？或者是管理过程中有觉得他们有什么其他想法吗？
>
> A：一开始大家心里还是很忐忑、纠结的，因为人是不太愿意主动去（改变）的，……特别是这个环境有可能对自己造成挺大的影响的时候，不太愿意到新环境，……让大家相信这是一个大势所趋。（访谈 27）

组织文化是组织成员共同的价值体系，组织发展的核心理念及使命相互交织构成组织愿景。只有愿景形成组织战略，才能成为指导组织成员的行动指南。“如果存在多元的价值观，而且这些多元价值观无法归结为同一终极价值观时，彼此之间也不可化约，这时候如果进行价值观选择，就难免出现冲突。”（胡文慧，2012）媒体融合尚未达成共识，组织战略就不能形成，这对组织目标的确立、行政指令的传达、人员工作的积极性等都将产生消极影响,阻碍组织转型与发展。

(二)组织文化转型阻力依然明显

1.科层制不利于融合与创新

通过访谈不难发现J广电的问题主要集中在科层制管理模式。我国传媒具有“双重属性”,受到企业和事业的双属性影响,组织采用的是垂直层级,是明显的金字塔型管理结构,这种管理模式表现为权力集中化。

> ……需要把事项做一个专项(项目),我们(经营管理部)也只是帮他们做论证,还有最后的决策机构——党委会。(访谈 2)
>
> 在管理的过程中,规则为管理主体。比如要打个报告,自己部门的领导要先批准,然后再给这个需要调的部门审批,如果要跨事业部,还要经过事业部审批,或者还要经过宣传管理部审批。……(访谈 4)

日常工作中的各类审批流程复杂烦琐,不仅降低了组织的灵活性,更消磨了员工的积极性,导致文化理念的创新和扩散无法有序进行。组织的执行力差、工作效率低下,员工对组织决策的关心程度和重视程度也大打折扣。

2.“受众”思维难以快速向“用户”思维转化

互联网媒体的发展改变了人类话语权的运行模式,大众不再拘泥于原有的传播方式,而由“受众”转变为“用户”——变被动的信息接收者为主动的信息使用者,这对于传统媒体来说无疑是个巨大的冲击。长久以来,他们始终坚持“我播你看”的思维方式,充分发挥着“教化功能”。

> 因为观众只是站在自己的角度,我们的节目唯上的比例可能会多一点,比如领导的意见、专家的意见、国外版权方的意见,包括总局审片方的意见,我们可能会关注得更多一点。(访谈 12)

访谈显示,J广电目前还不能真正打破“我播你看”的格局。每个组织都有其运行惯性,一种模式转换成另一种,必定需要一个较长的过程。过程的长短取决于组织转型的力度与广度,根据现状判断,传统媒体短期内将难以实现这种思维的转化。

Q:(台内新媒体从业者)新媒体转型的效果怎么样?

A:还是传统媒体的思维,将传统的工作汇报形式的内容放到公号上,感觉就是和新媒体挂钩了,像是新媒体转型,但是只是信息的沟通渠道变了,内容、语态还是以前那种汇报的形式,放在市场上不被认可……大部分人还是顺着领导的思维来的,不会去做额外的事情,因为这样做也是有风险的。(访谈 5)

资料显示,J 广电确实有一部分员工已经意识到自身思维的固化,也认为转换思维刻不容缓。但客观来说组织的思维转换并不是一件轻而易举的事,这等同于“颠覆式创新”(杜瑞,2016),是一个打破原有结构、建立新结构的过程。过程中不仅存在新旧结构的对抗,更深层的障碍是大部分身处传媒组织的员工依然带着一份传媒人的骄傲,认为自身具有人才优势、采编优势、品牌影响力等,因此不具备变革动力。而此时外部环境已然发生变化,“新媒体在内容设计上以市场和受众为中心,不管从传播能力,还是传播效果看,已处于实际主流地位”(魏志奇,2014)。组织稳定时期,多数人行为的一致性是组织的资本;但在转型期,灵活性才是变革的动力阀。

3.惯性思维转变缺乏动力

组织文化是一种内在的价值体系,既体现企业的发展策略、发展目标、经营理念等,也包括未来发展的深层假设,是一切价值观念和行为的根源(沙因,2017)。组织文化的稳定发展对保证组织价值观与行动目标的一致性具有重要价值,当组织处在变革的环境中,组织文化中求稳的惯性便会拖延组织的创新和变革,J 广电便是一个典型。

毕竟作为一个国有的企业,如果要做一个新业务的创新,或者是新业务的拓展,那新业务必定会承载许多不确定性在里面,作为国有企业来说,作为投资的主体来说,如果投资一个项目必然会有一个容错的问题,但目前这个国有企业还没有容错机制,所以在新业务拓展方面相对比较谨慎一些。冒昧的投资,一旦错误了那就是投资失败。(访谈 6)

从受访者的表述来看,稳定性依然被放在 J 广电转型的第一位,他们认为行业的变动处于不理智时期,没必要冒险;而实际工作中多数人也是按照领导的思维习惯办事的,因为额外的事存在风险。从另一个角度看,有受访者指出,传统事业单位的属性决定了J广电的容错成本过高,因此在变革上会保持更为保守的态度。

传统媒体长久以来坚持以内容为根基,客观来说属于相对封闭的传播系统,参照系少,缺乏革新动力。迫于市场压力,他们才对节目的内容和形态进行尝试性创新,但同时创新节目又面临审批风险,这种连续的不确定性在一定程度上打击了创作者的创新热情,也导致从业者更加注重保障个人利益,而非考虑组织的整体发展。

> ……我们一直在不断地探索和研究,希望能有一个突破,不管是技术上的突破,还是理念上的突破,或者说政策管控上的突破,我们都希望有,但是这个东西就目前而言,似乎不太可能,像最近广电总局一道一道的命令下来,做任何节目都要先审批,而且要提前若干天、若干月,没有这些东西都不行。(访谈 12)

从传媒组织员工个体角度出发,他们承受着来自组织的各种压力,大到行业竞争的压力,小到个体的转型与发展。尽管承受着巨大的变革压力,但长久以来形成的工作惯性力量更大,这也是从业者无心改变的根本原因。

> 传统媒体我觉得还是依然有惯性。改变还是挺痛苦的,比如说大家习惯了原来的报题方式,那现在报题要打到"荔枝云"什么的,压力很大,很麻烦,比如说出了一个新的系统,大家要适应那个新的系统,本来日常采编的工作就很辛苦了,还要去学新的东西。(访谈 40)

众所周知,互联网生态已经改变了传统经济结构和文化认知,媒体融合对传媒组织的方方面面提出了前所未有的要求,传统媒体必须面对这一巨大的转变和竞争,实现组织文化的转型,才能获得受众和市场,若依然坚持稳定的组织文化将难以实现创新与发展。

二、融合战略下广电媒体组织文化转型之困境

组织惯性是指一种组织系统运行一段时间后,除去各种力量而依然按照原

有的方向发展的一种作用力。当组织面临转型与变革，这种作用力使得组织不能适应环境变化，阻碍组织变革发展。融合时期，如何降低组织惯性是组织文化转型的根本问题。

（一）认知惯性

传统电视媒体多年的成功经验给从业者留下了烙印，他们始终认为以往的经验都可以依赖。当技术、产品、内容等因素的更新速度都超乎想象后，原本关于成功的经验其实已失去了效力，但认知惯性依然使他们固执地坚持之前的观点，从而丧失机会。

传统媒体的事业属性超过市场属性，在认知上，市场因素并非他们的首要考虑，他们更倾向于服从政策性要求，这一习惯在很大程度上限定了从业者对市场的认知和接受。墨守成规会影响新信息的进入，在媒体融合过程中最明显的表现就是传统媒体集团中的从业者缺乏用户思维，他们一直遵循传统广电单向性的传播模式，忽略市场、用户的需求，即使推出新媒体产品却还是以原有的模式运营，并未从根本上融入新的媒介环境，自然也无法从根本上改变组织文化中存在的问题。

（二）结构惯性

经历长期发展的组织，通常具有规范引导组织发展的一套固定的运作流程和系统。随着规模不断扩大，组织中行为的复杂性也越来越强，这些结构和系统不断地生成、碰撞、相互缠绕，并不可避免地固化，当组织面临变革，这便无意中提高了革新成本。目前，国内多数传媒集团采用典型的金字塔型管理结构，管理层作为组织塔尖上的控制者听从监管部门的指挥，同时向层层下级挥舞指挥棒。尽管为了响应媒体融合的号召，一些传统广电集团对组织中的人员和机构做了相应的调整，但并没有突破原有的等级框架。组织结构惯性一方面来自组织自身在长期发展过程中累积的形式、规范，另一方面则受到带有行政性的金字塔结构的影响，这些都在无形中对组织转型产生阻力。

（三）制度惯性

传媒组织在“事业单位，企业化管理”的属性下，具有多重角色，传媒集团的管理者不仅是媒体人，更是政府官员，双重身份很难实现平衡转换，这就导致了传媒组织内部的官僚文化倾向。在规则的制定过程中，政策的制定同时也面临管控力度的问题。我国传媒机构作为党的喉舌,起着舆论引导和政策宣传的作用,这就造成监管部门对于传播内容的控制异常严格。

制度的强势作用阻碍了传媒组织改革打造更加开放的媒体平台,从根本上影响了传媒组织的灵活发展,在其组织文化上也深深打上了官方的烙印,组织文化的适应性被削弱,当前媒体融合所倡导的开放、共享、参与成为口号而难以真正执行。

三、融合战略下广电媒体组织文化转型之路径探讨

"加快实现深度融合、全力打造新型主流媒体"是习近平总书记对媒体融合提出的新要求。传统媒体应该规避原有组织文化中单一的发展路径,提升组织的共享性,提倡打造开放的平台,实现灵活的管理模式,同时尊重用户理念,最终构建一个共创生态意识系统。在这个意识系统中,"参与者自然的利己主义延伸成为共享的生态系统意识。生态系统意识内化了在同一系统中其他利益相关者的观点和关注点。这要求人们培养能力,能从他人的角度感知问题,从而带来使整个系统都受益的决定和结果,而不是只考虑其中那一部分"(夏莫、考费尔,2017)。

(一)形成基于共创的核心价值

传媒组织应提倡共创(co-creating),即秉持共创的理念将自我意识转化为生态意识,强调共同感知和共同创造未来。组织中每个个体都具备关注自己与感知环境的能力,团队应注重对话交流,促进组织成员的自我反省及转变,形成良好的共创生态系统。"一个具有革新性的企业,不仅要在生产那些在商业上有利可图的新产品方面不同凡响,在对环境中各种变化不断做出反应方面,也应该特别突出。……这些公司在环境发生变化时,是会随之发生变化的。顾客的需求改变了,竞争对手的技术提高了……,这些公司就会紧紧跟上、转向、修正、调整、改造并适应这些变化。总之,它们具有革新性,是就其整个文化而言的。"(马作宽,2009)

在传统电视媒体中,由于系统相对封闭,产品孵化的意识较弱,往往能推出顺应环境发展的新产品,却又由于市场化程度低,实际运作中不能达到向组织引入外部资源的作用,不符合共创价值观。为了形成基于共创的核心价值,奥托主张在组织内部建立创新中枢。所谓创新中枢实际是一个空间,在这个空间

中能够达成生成性对话，类似“头脑风暴”，参与者相互激发灵感，使枯燥的会议性交流转变为灵感迸发的生成性交流。创新中枢是心、脑、手的整合，目的在于促进创新意识与实践的衔接。

多项案例研究表明，有些企业的成功完全得益于他们高效的学习能力和注重实干的精神。组织内部应积极倡导“实验精神”，重视并提倡各种实验行为，宽容对待创新实践，提高容错度；促进多层次、循环式的沟通交流，打造高透明度、高包容性的组织，最终服务于整个社会。

（二）明确基于共识的管理方向

组织管理层面的焦点问题通常是权力的流动问题，这既决定了领导力的发展方向，也决定了决策的制定。奥托认为在共创生态意识系统中，应该创造金字塔式权力分布的逆转。“权力的源头移至整个生态系统中个体和机构共创关系所存在的周围领域。协作通过对正在生成的整体的共有关注而展开。权力是生成于某个特定生态系统的整体同在（我们中的我），而不仅仅是其中成员的自我存在（我中我）。”（夏莫、考费尔，2017）对于每个组织来说，管理都是必不可少的，管理模式需要有自省的特性，如彼得斯和沃特曼所提倡的“紧中有松，松中有紧，善于处理矛盾”（马作宽，2009）。这些观点主要认为组织中应该有两种主张并存，一方面加强组织的制度规范和行为规范，另一方面尊重员工的自我主张和创新精神，简而言之就是坚定集体领导和个人主张并存。这两个方面看似矛盾，但这个矛盾可以通过价值体系的完善来缓解。

员工自主是纪律的产物，如果所有的业绩考核、技术等级、业务水准等都能用明晰的框架规定，组织中的灰色领域就会减少，员工便能够明确自身行为将带来的后果，就会更加谨言慎行，自律也就形成了。员工自律有利于维护组织共有的价值观，增加组织资源的共享与交流。“意愿是最强的驱动力”，汇聚意愿、达成共识，是共创生态系统所倡导的领导方式。

通过调研发现，由于组织内部管理内容不明确，员工没有边界概念，为求安稳，大多数人都失去了个体积极性，更无自律可言，这直接阻碍了组织成员对组织价值观的维护。基于共识的管理方式“不再使用我们习以为常的旧有集体化模式，即领导层由上至下强制灌输集体意识的金字塔模式；而是使用更加趋于水平化的新模式，其中每一个个体节点都能够关注他人的利益。正是这种共有的觉察带来了迅速、灵活和流畅的合作方式以及决策制定办法”（夏莫、考费尔，2017），这种方式由组织通过多向的联通渠道，随时随地为员工提供内外的信息，可以从根本上提升组织的适应性和灵活性，加强组织共创的特性。

（三）坚守基于共享的团队精神

组织文化的转型，首先需要明确文化发展方向，树立文化典范，进而转变思维，建立共享的新型媒体集团。

转变思维的过程实质是由割裂到共享的过程，需要组织具备一定的学习能力，既能从外部汲取养分，也能在内部形成良好的沟通生态。彼得·圣吉把学习型组织定义为“该组织的成员持续地发挥其能力，创造其所期待的理想结果，培养新的思想形式，塑造集体的气氛，在此，所有的成员学会如何向其他人学习”（圣吉，1998）。根据定义，组织学习与创新的过程实际是对知识的运用和共享，组织内部应建立一个共享型知识社区，发挥“集体智慧”的效能。“共享文化”是共享组织的基本特征，参与性是核心，提高参与度是共享文化的基本前提。根据这一路径可以引导组织进行结构压缩，目的是给予员工更大的创作空间，提升生产水准。目前，J广电已经对组织结构进行了调整，新闻内容生产方面整合原有采编力量，实现多个新闻终端内容共享，这是J广电打造共享型组织的重要开端。

（四）秉持基于互动的发展理念

以往，传统媒体一直将自己界定成传播者，受众是他们眼中无差别的大众，只能被动接收信息。互联网的出现将这种传播权力打散，大众由“受众”变为“用户”，不仅可以随时随地按需求接收信息，更能随时随地传播个人观点。作为传统媒体，依然在有限的时段延续以往的灌输型信息传递方式，这很大程度上阻碍了与“用户”的互动。因此，传统媒体必须进行角色转换，由“传播者”转化为“服务者”，以用户体验为中心，结合原有的优势进行精准化与定制化传播。

提高组织的互动性是传媒组织文化转型的重要任务，组织互动性越强，组织与外部的关系就越强，生态意识也就越容易形成。然而，要求组织从整体上形成与外部的互动并非易事。具体可以分下列步骤进行。首先在组织中设立“中继者”的角色。“‘中继者’代表环境的一部分——组织的全部或部分注意力都集中在这部分上面。他们可以作为‘桥梁’——在各自的部分中间使组织与环境保持同步，与组织环境的诸种意涵保持一致。”（克罗齐耶、费埃德伯格，2017）当前，在传统电视媒体组织中，最适合扮演“中继者”角色的一般有两个：一是新媒体部门，二是受众调研部门。新媒体部门可以掌握当下最前沿的媒体发展动态，紧跟技术、内容和形式新发展；受众调研部门则把控用户数据库，能够及时了解用户需求。前提是必须加强对这两个部门的重视及投入，这样才能发挥效力。总之，组织应注重与市场关联，加强与员工的互动和共享，以更开放的姿态融入市场。

参考文献

杜瑞(2016),《颠覆式创新:企业实现突破的15种方式》。北京:中信出版社。

胡文慧(2012),《组织价值观冲突理性管理的实质内涵探析》。《管理世界》,第5期,页31-33。

克罗齐耶、费埃德伯格(2017),《行动者与系统:集体行动的政治学》(张月等译)。上海:上海人民出版社。

马作宽(2009),《组织文化》。北京:中国经济出版社。

彭兰(2015),《文化隔阂:新老媒体融合中的关键障碍》。《国际新闻界》,第12期,页126-138。

任晓刚、付宏、杜智涛(2016),《传统媒体流程再造的理念与战略重构》。《中国记者》,第4期,页57-58。

沙因(2017),《企业文化生存与变革指南——变革时代的企业文化之道》。杭州:浙江人民出版社。

圣吉(1998),《第五项修炼——学习型组织的艺术与实务》(郭进隆译)。上海:上海三联书店。

魏志奇(2014),《互联网思维下的新媒体传播规律》。《新闻世界》,第5期,页138-139。

夏莫、考费尔(2017),《U型变革:从自我到生态的系统革命》(陈秋佳译)。杭州:浙江人民出版社。

赵蓉(2011),《电视媒体组织文化初探——以〈智慧树〉为例》。《电视研究》,第3期,页42-44。

学术综述

国际传播学中的"大数据"研究:回顾与展望*

Big Data Research in International Communication Studies: Reviews and Prospect

◈ 杨　洸**

Yang Guang

摘要:"大数据"一词已经迅速进入传播学的研究领域。本文回顾了近年国际传播学中有代表性的大数据研究,描述和呈现了大数据研究在传播学不同分支的采纳和运用情况,主要体现在大数据使用和大数据思维上,也表现出传统研究不可比拟的优势。然而,大数据研究也遭遇了在研究效度、信度、代表性和普遍性等方面的质疑以及局限。因此,未来的传播学大数据研究,一方面有待大数据挖掘工具的完善,另一方面需要结合小数据和传统的研究方法,将大数据广泛运用到具有理论和社会意义的问题上,助力传播学研究的长远和深入发展。

Abstract: "Big data", the buzzword, has been rapidly entered into communication studies. This paper reviews the typical and recent big data research in the field of communication, through which it describes and represents the adoption and usage of big data among different branches of communication studies. Unlike traditional research, big data has incomparable advantages. However, the big data has also been conceived in so much doubts and limitations as validity,

---

* 本文系教育部人文社会科学研究青年基金项目"新闻信息平台个性化推荐的用户认知、使用和社会影响研究"(19YJC860046)、国家社科基金重大项目"大数据时代计算传播学的理论、方法与应用研究"(19ZDA324)、深圳大学高水平大学二期建设项目"数字时代我国传媒文化生态建设及治理研究"(0000020733)的阶段性研究成果。

** 杨洸,博士,深圳大学传播学院副教授,深圳大学传媒与文化发展研究中心研究员,主要从事新媒体研究。

reliability, representativeness and generalizability. In sum, big data research in communication in the future needs more sophisticated data mining tools, as well as the combination of small data and traditional research methods, all of which would greatly prompt communication studies.

关键词:大数据使用,大数据思维,大数据局限,传播学研究

Keywords: big data use, big data thinking, limitations of big data, communication studies

互联网发展催生"大数据"一词席卷全球,它具有海量的数据规模、快速的数据流转、多样的数据类型和低价值密度等特征,其大小超出了常用软件工具可以承受的捕捉、管理和处理数据的能力。大数据带来所有东西的数据化(datafication),即"量化一切",以及各种数据集的建构和分享,演变出新的研究问题和对现有问题新的思考方向。

"大数据"这一热词也迅速进入传播研究的领域,涉及大众传播、政治传播、健康传播和其他传播学分支,在带给传播学研究勃勃生机的同时,作为研究者也在思考:大数据提供给传播学研究怎样的思维转变?大数据能为传播学研究解决什么问题?不能解决的又是什么问题?带着这样的思考,本研究选取了近几年国际传播学领域中有关大数据实证研究的代表性论文,以 big data、communication、Twitter、Facebook 等作为关键词,在 Web of Science、Academic Search Complete 等英文论文数据库中进行查找和筛选。本研究并不想对传播学的大数据研究做全面的图景式描述,而更希望呈现具体的大数据研究中的问题。因此,笔者最终挑选出十余篇有代表性和有影响力的论文进行分析,探讨大数据作为新的认知方式的贡献与挑战,反思其局限与困境。

一、当前大数据研究多是自下而上的关系描述

大数据研究者对数据的关注从属性变量转移到关系变量上,统计方法强调社会网络分析,描述一组行动者(个人或机构)之间的关系,也强调变量之间的相互关系。政治研究向来是传播学的研究重镇。传统的议程设置理论在互联网和社交媒体普及的时代是否又见枝头吐新芽?研究者瓦戈、郭、麦库姆斯和肖(Vargo,Guo,McCombs and Shaw,2014)在数字媒体和网络用户急速膨胀的背景下,重新考察了议程设置理论。该研究有两个核心:一是对"议程"的理解

发展为不同议程之间的融合，而不再是单一议程的计数，具有能动性的受众会从众多媒体中融合各种议程并形成对现实世界的理解（McComb，2004），即网络议程设置（network agenda setting），这是典型的社会网络分析的思维；二是采用推特（Twitter）大数据，收集了社交媒体推特平台上的垂直媒体（涵盖美国本土传统报纸和电视）和水平媒体（涵盖美国本土的脱口秀节目和有线新闻）以及推特个人用户（包括民主党人奥巴马的支持者、共和党人罗姆尼的支持者）所发布的推特，时间跨度 17 周（2012 年 8 月 1 日—11 月 28 日），共 3,800 万条推特文，研究考察不同类型媒体的议程和不同党派支持者议程之间的联系。结果显示：奥巴马支持者的融合议程与垂直媒体的融合议程呈正相关，也与民主党水平媒体的融合议程呈正相关；垂直媒体比水平媒体对奥巴马支持者的融合议程影响更大；共和党水平媒体对罗姆尼支持者的融合议程影响更大。

传播学者纽曼、古根海姆、莫和贝（Neuman，Guggenheim，Mo and Bae，2014）在大数据时代也同样重新审视了议程设置理论，考察了理论的第一级和第二级效应：传统媒体和社交媒体的议程到底是谁决定了谁，以及事件议程的框架又是由谁设定的？研究者将 2012 年美国主要的传统媒体（涵盖报纸、广播、电视）发布的新闻，与同时期社交媒体集合（合并推特、博客、论坛、讨论区等美国地区的英文数据）中个人发布的文本进行了对比。时间序列统计分析显示：在议程的设置上，传统媒体和社交媒体的议程的影响并非单向的，而是动态式的，有时传统媒体的议程发生在前，影响了随后的社交媒体的讨论，有时情况又是相反，社交媒体上关注的议程与传统媒体上的议程并不一致，社交媒体上讨论节育、堕胎、同性婚姻和公共秩序多过传统媒体；在议程的框架设置上，传统媒体和社交媒体的框架并没有显著的单向关系，而是两者之间的相互关联和影响。

赫法克（Huffaker，2010）的研究以 Google 讨论组的在线社区为例，揭示出网络意见领袖社会影响力的形成因素。研究选取 16 个讨论组两年中共 33,450 个参与者发布的 632,622 条信息，利用社会网络分析、自动文本分析统计了网络领袖的传播活动（发帖和回复数量以及活跃时间）、社会网络结构、语言使用以及网络社会影响力等变量。研究采用相关分析和多层线性模型分析得出，网络意见领袖通过多发帖、多回复、长时间活跃在线、置身于网络中心，以及使用情感的、肯定的和多样性的语言来影响和说服他人。

上述研究主要考察关系变量之间的相关，而单纯的描述性呈现也是当前研究的主要内容。班加瓦尔、班尼特、约翰逊和沃克(Agarwal, Bennett, Johnson and Walker, 2014)的研究从组织传播的角度,将在社交媒体上形成的社会运动群体视作"机构",考察"占领华尔街"社会运动的参与者是如何通过推特连接线上和线下网络。研究收集了关于占领运动的6,000万条推特信息,并对其中30,675条包含链接的信息进行了编码,链接类型分为来自传统媒体的基本新闻报道,观点、政治评论的分享,活跃分子的网站,专业网站,传统的政治机构、占领运动的活动分子和非政府机构的网站,占领运动的网站或机构,个人博客和视频,音乐视频或明星网站等,一共12类。这些不同类型的链接代表了群体成员之间分享方式的不同。结果发现,推特如同一个网络化的组织,作为连接器(connector),在占领运动中发挥了强有力的组织协调作用(coordinating role),在各种网络之间实现了动态切换。

面对风险时,公众在社交媒体上的行为是怎样的,以及社交媒体在风险传播中发挥了怎样的作用?研究者Jung和Park(2014)选择2013年朝鲜核试验事件,通过社会网络分析,考察美国和韩国两个国家的公民在推特上对该事件的言论,描述公民的风险传播轨迹是从关键行动者中发起和组成,并呈现美韩两国公民的不同动态风险传播模式。传播学者金(Kim, 2015)的研究揭示了影响健康信息在网上扩散的信息特征,收集了《纽约时报》网络版上的760篇健康新闻报道并追踪其扩散轨迹,采用机器数据挖掘获得了受众观看和分享新闻报道的真实行为数据,通过人工和计算机结合的内容分析方法呈现新闻报道的信息特征。结果显示,健康新闻中那些具有争议、能激发情感,又为用户所熟悉的话题更容易被受众选择观看;信息的效用性和新奇性能增加在电子邮件上的病毒传播,而激发情感的、用户熟知内容的和有例证的健康新闻更能在社交媒体上引起病毒传播。

埃梅里、斯齐普卡、阿布丽、金和维拉(Emery, Szczypka, Abril, Kim and Vera, 2014)的研究则评估了美国疾病控制中心通过电视广告发起的"烟民的前车之鉴"(Tips from Former Smokers)健康运动的成效,推特上的用户谈论该运动的所有推特文都被搜集起来。从2012年3月15日至2012年6月9日运动开展期间,1,700万条被收集的信息通过重复数据筛除技术(deduplication),最终获得24万条有效推特文。研究小组事先预览了媒体上播放的该运动的广告,其内容都是烟民个人发生过的与抽烟相关的各种恐怖经历,研究者基于这些恐惧信息发展出一个完全的关键词名单,然后由机器扫描推特文中的关键词,辅以人工编码,形成两大类推特信息:恐惧信息接收和恐惧信息拒绝。结果显示，推特用户的评论中大部分表示接受烟民的前车之鉴，即对恐惧信息的接收（占 87%）要远多过对恐惧信息的拒绝（占 7%）。

伏尔提等人（Vultee & Vultee，2011）的研究聚焦在灾难事故上，试图回答在灾难发生时，推特文和用户有哪些基本特征。研究采用常数比较法（constant comparison, Glaser, & Strauss, 1967），将推特使用者分为个人、政府精英、媒体、非营利组织或商业机构几类，将推特信息分为个人信息、评论、提供或寻求信息和推广信息几类。结果显示，近七成（68.4%）的推特信息来源于个人推特用户，其中个人使用者发布的推特信息中主要是信息提供之功用（占 42.6%）。

研究者默西、鲍曼、格瑞思和麦加里（Murthy, Bowman, Gross and McGarry，2015）探究移动和非移动不同终端发布的推特内容是否有所差异。他们从推特的 API 接口收集了 2013 年中连续 6 周的推特数据，总共 2.35 亿条推特，并对这些推特内容进行词语分析（Implicit Association Tests，Greenwald and Farnham, 2000），分别从自我/他人、女性主义/男性主义、正面情感/负面情感、个人才能（agentic）/公共沟通（communal）等几个方面进行编码。研究发现，不管在哪个平台，推特文内容都相对男性化，体现男子主义，语言都倾向沟通行为。不过，负面的情绪语言和自我倾向在移动端更加常见。

“第二屏”（second screen）现象如今越来越普遍，即人们在观看电视节目的同时，也会使用第二个新媒体设备来评论电视节目，比如电视观众会在脸书（Facebook）和推特这样的社交媒体上讨论节目和发送信息。吉列托和塞尔瓦（Giglietto and Selva，2014）认为，在社交媒体上，这样的对话能够帮助我们理解互联公众（networked publics）的行为。该研究从这个有趣的视角出发，以意大利公共电视台播出的 11 个政治脱口秀的一个季度的节目（共 1,076 集）为研究主题，利用推特的标签功能收集了所有与节目相关的推特信息，最终形成了 43.9 万多条信息，并采用内容分析方法，揭示节目类型、评论类型和参与方式之间的关系。结果显示，在推特中，以访谈或小组讨论为形式的脱口秀节目的相关讨论占据了推特讨论 286 个高峰中的一半。观众使用推特表达对电视节目的个人意见是最常见的形式，个人意见的表达甚至可以很好地隐藏在纯粹的推特发文中，即将个人意见作为事实发布，成为强化个人意见的有效策略。同时，对于不同类型的脱口秀节目，观众“第二屏”讨论参与的方式各不相同：政治参与的推特信息（即推特信息直接指向节目中的政治家和政治议题）在访谈和小组讨论类的节目讨论中更为常见，受众参与的推特信息（即推特信息以受众/用户的体验和感受为主）则在讽刺和意外事件的电视脱口秀的讨论中较为流行。

帕克、比克和查(Park，Baek，& Cha，2014)则比较了个人主义和集体主义国家的推特用户在表情使用上是否有本质区别。研究采用推特的 API 接口收集了历时三年半的全球信息，基于国家的文化评分(Hofstede's national culture scores)以及 78 个主要国家的指标，发现个人主义文化盛行地区的人们更喜欢使用水平的和重视嘴部的表情符号，比如“：)”，而集体主义文化盛行地区的人们则喜欢使用垂直的和重视眼部的表情符号，比如“ ^_^”。

上述对各研究的基本描述呈现了大数据研究的现状，重视描述现状，呈现相关分析，也有个别研究基于理论，提出研究假设，对大数据进行了回归分析和结构方程式的检验(如 Huffaker，2010；Kim，2015)。对于大数据，研究者是自下而上开展研究，只能根据大数据能生产或能被挖掘出的信息进行研究，而不能自由设计变量，从这点来看研究的空间会受到一定的限制。

二、大数据不是真正意义上的数据生产，研究效度受到影响

上述文献中采用的大数据都来自用户在互联网上留下的各种印记，所分析的变量都是从海量的数据中通过数据挖掘的方式得到的。数据之“大”是否代表数据的效度高？挖掘的数据能在多大程度上有效回答研究者的问题？当理论中的关键变量采用社交媒体用户的数据进行替代时，雾里看花、隔靴搔痒之感时常有之，能够从数据中捕捉到某一概念预期的丰富含义还较为有限。这种表面看似客观的数据获取，对学术研究的数据而言是质和量的提升吗？非也。

议程设置理论的一个关键变量是询问公众“你认为国家当今面临的最重大的问题是什么?”作为公众议程的测量。在瓦戈等人(2014)和纽曼等人(2014)的研究中都采用推特个人用户发布的推特文中的关键词进行词频统计，以此测量公众议程。具体而言，在瓦戈等人(2014)的研究中，这一变量成为民主党/共和党支持者的议程，通过对收集的所有媒体和个人的推特(涵盖垂直媒体、水平媒体以及民主党/共和党支持者的推特)进行词频分析，发现讨论与总统选举相关的议题中有 8 个是最显著的，然后再根据推特中是否提及这 8 个议题，来判定媒体议程对党派支持者个人的议程的影响。用户在推特上讨论 8 个议题的(相互)频率是否代表该用户认为这一个(或 2 个)议题是国家面临的最重大的问题？在二者之间直接画等号未免过于牵强。受众普遍关心的议题也有可能在 8 个选定的议题之外，因为已有研究显示，推特个人用户讨论的议题与传统媒体对议题的兴趣点存在显著差异(Neuman et al，2014)。

同样，纽曼等人(2014)的研究则采用 Boolean search 词频挖掘工具，分析在推特平台上，媒体和受众在 29 个最重要的公共事件上的谈论频率。推特个人用户在推特上的谈论在多大程度上代表他们认为的当前国家最重要的议题？对于议程设置的第二级即框架效果(framing)，该研究也是采用相同的词频搜索方式确定推特中的框架，但是框架并不仅仅从表面的文字上就能够获悉，如关于“同性婚姻”这一议题的讨论，是否采用了相同的搜索词如“个人权利”或“伦理道德”来判定框架的体现是不完全的，还有大量并未使用这些明确字眼的推特文都被过滤掉。此外，表面的字词并不代表潜在的意义，这些真实的情况目前都无法客观考量，因此数据的效度受到影响。

对于互联网用户或者社交媒体使用者的各类身份确认也是一个难题。在瓦戈等人(2014)的研究中，确认推特用户到底是属于民主党的支持者还是共和党的支持者，衡量标准的可靠性不高，先将推特分成两类：是否提及奥巴马但不提罗姆尼，或提及罗姆尼但不提奥巴马，再根据情感分析方法的词库工具确定推特中运用的词语体现的是正面还是负面情感，最终判定不同党派的支持者，连研究者自己也意识到，推特用户深藏不露的党派倾向通过这种方式分析似乎不够准确。埃梅里等人(2014)的“烟民的前车之鉴”健康运动的效果研究，也无法确认推特用户是烟民、前烟民(已戒烟)还是从来不吸烟的人，因此无法进一步探讨不同特征的受众对吸烟恐惧信息的接收和拒绝是否有所差异。

现在已经有较为成熟的词频统计软件和算法可以对互联网上的各类信息进行内容分析，例如语言获得和词汇计数软件(Linguistic Inquiry and Word Count，LIWC)、朴素贝叶斯分类算法(Naive Bayes Classifier，NBC)，这些工具对信息的表面层次(如词频、正面/负面情感分类等)可以做出较为准确的判断和统计，但是对于信息的内在层次(如同一词语在不同语境下真实含义可能不同)的判断目前仍鞭长莫及。

研究者在处理大数据时往往提供了非常详细的关于数据技术处理的介绍(如 Kim，2015；Giglietto，2012)，但是这并不能等同于测量的高效度(validity)。非常具体的程序和算法未必会比更直接的方法有效度，因为有了更多前提的设定，就可能更容易走偏(Parks，2014)。通过大数据，我们看到表面数据的相关性，背后的因素可能是更重要的，涉及心理学、社会心理学、语言学等。大数据背后是一个个鲜活的个体，他们复杂丰富的心理又能被挖掘出来多少？

三、大数据不是全数据,研究信度受到影响

传播学研究中的大数据基本上都来源于公开的推特数据,利用API接口或者Firehose等方式获得推特用户的海量信息,每一篇研究中使用的大数据动辄几百万甚至上亿条信息。但是数据之大,代表性也高吗?非也。大数据研究正在遭遇代表性(representativeness)和普遍性(generalizability)方面的尖锐质疑(Mahrt&Scharkow,2014),受到研究者诟病。

大数据中的样本数N=ALL在多大程度上能够成立?至少有这三个问题绕不开:第一,有多少人使用推特?人们普遍使用的全球性社交媒体不仅是推特,还有脸书等,以及本土的社交媒体。以推特为例,就算在美国,推特也没有广泛扩散到美国的成年人群体中,分析推特的信息只代表了部分美国人口的情况,样本的代表性有限。第二,有多少人经常在推特上发言?社交平台上同时还存在为数不少的不可忽略的非活跃用户及隐性传播行为。第三,有多少人在推特上关注的是公共事务,而不是个人事务?因此,大数据研究的用户记录并非“所有的受众或公众”的数据。上述几个条件中,每个条件其实都过滤了一批样本,出现的样本事实上含有系统偏差。大数据之“大”,是一个充满诱惑的假象。因此,如果仅着眼于分析局部数据,而忽略了历史数据,结论可能会偏,预测会不准确。此外,网络上的虚假信息也大量存在,严重影响了数据分析的有效性。网络水军的存在使得网络上很多信息并不可靠,但是要通过数据挖掘有效去除这些虚假信息还没有十分有效的办法。

目前,研究者利用的大数据都是封闭和断裂的数据,不是完全的大数据,并不能保证数据质量。吉列托等人(2012)的研究从推特中通过搜索与政治脱口秀节目相关的标签(hashtags)获得了近250万(N=2,480,000)的推特文。但经过审查,研究者发现这些推特信息仅仅是冰山一角,还有更多的讨论政治脱口秀的推特信息并没有使用节目名称作为标签。因此通过推特的firehose搜索出来的信息很不全面,研究者本人也意识到这个缺陷,最终研究的数据是选取了推特讨论中的高峰期的推特信息(N=2017)来做出分析和判断的。

当前研究的数据主要来自社交媒体,大部分是经由推特API接口或者firehose获得的数据。研究者之所以青睐推特的数据,是由其优势决定的:推特已然成为世界上最大的焦点小组,提供了有效的数据收集方式和具体议题的巨量信息,它对全社会公开开放,且文字很短(140个单词以内)。即使如此,推特用

户与整体网络用户的人口学特征也并不能等同。因此，考虑到一个社交媒体的代表性可能不够，不少研究者则集合多个社交媒体的数据作为网上用户数据的代表（如 Neuman et al，2014）。

重要的是，巨量的大数据会带来规律的丧失和严重失真。维克托·迈尔-舍恩伯格在其著作《大数据的时代》中指出，数据量的大幅增加会造成结果的不准确，一些错误的数据会混进数据库。统计学者和计算机科学家也认为，巨量数据集和细颗粒度的测量会导致出现“错误发现”的风险增加。大数据意味着更多的信息，但同时也意味着更多的虚假关系信息，随着数据量不断增加，变量相关检验的显著性会非常容易实现，这将使我们很难找到真正的关联。

四、大数据被政府机构和商业集团所掌控，社会控制愈加严重

大数据越来越成为包括传播学学者在内的社会科学研究者的兴趣所在，商业巨头脸书、推特和谷歌等互联网公司，以及政府机构由于自身的优势往往掌握着大量的大数据资源。传播学者目前获取的数据，集中在社交媒体免费开放的公共数据上，可是还有更多没有对外开放的数据，研究者对此却无法洞察。商业集团和政府成为这些数据的掌控者，控制着数据的被访问和接入，甚至完全拒绝接入，由此造成了新的数码沟（new digital divides）：富数据和穷数据的不同阶层。

网民在互联网上活动所产生的大量数据被储存下来，成为掌握大数据的商业机构的金矿。商业集团利用大数据，获取了前所未有的庞大商业利益，但是“数据生产者”的个体却没有获得相应的回报，有研究者因此担忧会演变为“大规模剥削”。研究者博伊德和克劳福特（Boyd & Crawford，2012）对大数据的使用更是发出了振聋发聩的道德批判：只是因为它（大数据）是可获取的，但不代表是道德的（“Just because it is accessible does not make it ethical”）。大数据被政府和商业大集团使用，他们从中能够了解消费者的肖像、活动和自主生产的内容，决定其中哪些是值得被结构化和编码的，最后数据分析的结果或将深刻影响人们的生活行为方式，带来某种意识形态或具有变革性价值观的“神话”（参见 Boyd & Crawford，2012；Park，2014），社会中的个体是不是又一次被政府和商业机构所绑架呢？在大数据的结果下，人们是否会放弃多元的个体选择和道德选择，这都是值得深思的。

大数据在多大程度上属于个人隐私？当官方和大集团不断增加大数据的

获取渠道,数以亿计的市民和消费者能做什么?个人对自己数据的控制权如何夺回?有学者呼吁,当务之急是要改变大数据的供给(affordances),普通百姓个人也能够获取和理解,甚至破坏他们自己的大数据策略。

五、总结和展望

如果按照拉斯韦尔提出的传播基本模式,从"谁(Who),通过什么渠道(In which channel),对谁(To whom),说了什么(Says what),并产生了什么效果(With what effect)"这五个层面分析当前的大数据研究,又可以发现各个分支的研究在5W模式中均有体现,但侧重点不同。在互联网时代,传者和受者之间的界限越来越模糊,Who和Whom可以粗略地归为一类:有研究社交媒体用户的特征(Vulee et al, 2011),研究网络意见领袖的特征(Huffaker, 2010);What是内容,也是传播学者的研究重点:有呈现社交网络推特文的内容特征(Park et al, 2014),有考察观看电视政治脱口秀节目的"第二屏"推特内容(Giglietto & Selva, 2014),还有研究造成网络病毒传播的信息特征(Kim et al, 2015);Channel是传播渠道:有揭示社交媒体用户使用社交软件不同传播功能的情况(Bruns & Stieglitz, 2012),还有考察在社会运动中社交媒体的作用(Agarwall et al, 2014);Effect是效果研究:有考察受众议程与媒体议程关系的研究(Vargo et al, 2012; Neuman et al, 2014),还有社交媒体用户是否接受健康运动信息的研究(Emery et al, 2014)。

虽说目前的大数据研究依然可以在传播学的传统窠臼中找到归宿,但是其数据规模和研究路径较从前大不相同。传播学研究中的大数据运用体现在两方面:一是大数据的使用。互联网的普及和渗透使得人们的日常生活已经和互联网密不可分,提供了大量的可测量的数据。数字数据集的规模巨大且复杂性高。数字媒体增多,线上公众增多,为传播学研究提供了极为丰富的数据资源。然而,大数据的终极价值一定不在于数据规模的大小。二是运用大数据思维。大数据导致一切皆可测,一切皆可连,可以探索不同数据之间的关系。例如,媒体议程和受众议程的考察不仅仅是议程被报道或谈及的次数,而是强调事件之间的内在联系,成为议程设置的第三级效果。更进一步说,基于大数据方法,传播学的研究问题提出也在发生改变,例如议程设置理论的核心:媒体议程是否决定了受众议程?转变为探寻传统媒体和社交媒体在政治讨论中是一种怎样的交互关系(interaction)和有差异化的共振(differentiated resonance),而不是一个机械的谁决定谁的问题(Neuman et al,2014)。思维和方法才是处理大数据的成败关键所在。

社会科学的大数据研究具有传统研究不可比拟的优势。互联网是一个自然实验的平台,并且采用一种无干涉(unobtrusive)的方式来观察和计算真实环境中的传播和效果(祝建华等,2014)。大数据是自然发生的,来自社交媒体和其他电子数据,更为客观真实地反映了受众的舆论。问卷调查和控制实验等传统的研究方法始终无法面对自我报告数据的偏差性问题。如今,伴随电子阅读产生的各种表达行为(如用户在推特和脸书上随时表达)则提供了直接分析的路径,并形成了传播学大数据研究这一重要分支。

本文介绍了大数据研究在传播学不同分支的采纳和运用情况,毫无疑问,大数据时代正在改变或重塑包括传播学在内的社会科学。基于社交网络产生的数据容量如此之大(是传统的研究方法无力应对的规模),只有通过计算机程序才能搅动它们,对这些庞大的数据进行专业化的分析处理,计算社会科学(computational social science)正在加速这一进程。计算工具的利用提高了研究者对多个大数据集的整合能力。

互联网用户产生的海量数据并不是以任何有意义的方式进行排列的,其运用和研究与一些方法关联,只有通过具体的方法才能发现和挖掘到有价值的信息,社交网络分析、自动数据聚合和挖掘、网络和移动分析、大数据的可视化、情感分析、舆论挖掘、机器学习、自然语言处理以及巨大规模数据的计算机辅助内容分析都是当前传播学研究正在使用的方法,概览性和图景式的数据逐步加深了我们对传播现象的理解,并且丰富和深化了理论。

以上对大数据研究的思考,并不是说传统的小数据研究就规避了这些问题,小数据研究也存在这样或那样的问题(比如抽样的代表性、干涉数据的效度问题等等)。如何能将大数据和小数据相结合,取长补短,互补合作,才可能是未来传播学和社会科学的发展之路。大数据方法也不是精心设计的问卷调查、控制实验和内容分析的替代品或灵丹妙药,它事实上代表了更好理解快速变化的电子空间的一种补充,一种额外的资源。

本文无意褪去"大数据"的光环,通过对传播学大数据研究的介绍和讨论,我们可以看到大数据研究的局限之处。这样的认识能够帮助我们打破"大数据"神话,大数据并非无所不能。未来的传播学大数据研究,一方面,有待于大数据挖掘工具的完善;另一方面,需要结合小数据和传统的研究方法,正如传播学者帕克斯(Parks,2014)所呼吁的那样,只有将大数据广泛运用到具有理论和社会意义的问题上，才能助力传播学研究的长远和深入发展。

参考文献

祝建华、彭泰权、梁海、王成军、秦洁、陈鹤鑫(2014),《计算社会科学在新闻传播研究中的应用》。《科研信息化技术与应用》,第 5 卷第 2 期,页 3-13。

Agarwal, S. D., Bennett, W. L., Johnson, C. N., Walker, S. (2014). A Model of Crowd-Enabled Organization: Theory and Methods for Understanding the Role of Twitter in The Occupy Protests. *International Journal of Communication*, 8, 646-672.

Bisel, R. S., Barge, J. K., Dougherty, D. S., Lucas, K., & Tracy, S. J. (2014). A Round-Table Discussion of "Big" Data in Qualitative Organizational Communication Research. *Management Communication Quarterly*, 28(4), 625-649.

Boyd, D., & Crawford, K. (2012). Critical Questions for Big Data: Provocations for a Cultural, Technological, and Scholarly Phenomenon. *Information, Communication & Society*, 15(5), 662-679.

Bruns, A., & Stieglitz, S. (2012).Quantitative Approaches to Comparing Communication Patterns on Twitter. *Journal of Technology In Human Services*, 30, 160-185.

Emery, S. L., Szczypka, G., Abril, E. P., Kim, Y., & Vera, L.(2014). Are You Scared Yet? Evaluating Fear Appeal Messages in Tweets about the Tips Campaign. *Journal of Communication*, 64, 278-295.

Giglietto, F., &Selva, D. (2014). Second Screen and Participation: A Content Analysis on a Full Season Dataset of Tweets. *Journal of Communication*, 64, 260-277.

Huffaker, D. (2010). Dimensions of Leadership and Social Influence in Online Communities. *Human Communication Research*, 36, 593-617.

Jung, K., & Park, H. W. (2014). Citizens' Social Media Use and Homeland Security Information Policy: Some Evidences from Twitter Users During The 2013 North Korea Nuclear Test. *Government Information Quarterly*, 31, 563-573.

Kim, H. S. (2015). Attracting Views And Going Viral: How Message Features And News-Sharing Channels Affect Health News Diffusion. *Journal of Communication*, 65, 512-534.

Mahrt., M., & Scharkow, M. (2014). The Value of Big Data in Digital Media Research. *Journal of Broadcasting & Electronic Media*, 57(1), 20-33.

McCombs, M. (2004). *Setting the Agenda: The Mass Media and Public Opinion.* Cambridge, UK: Polity.

Murth, D., Bowman, S., Gross, A. J., & Mcgarry, M. (2015). Do We Tweet Differently From Our Mobile Devices? A Study of Language Differences on Mobile and Web-Based

Twitter Platforms. *Journal of Communication*, 1-22.

Neuman, W. R., Guggenheim, L., Mo Jang, S., & Bae, S. Y. (2014), The Dynamics Of Public Attention: Agenda-Setting Theory Meets Big Data. *Journal of Communication*, 64, 193-214.

Park, J., Baek, Y. M., & Cha, M. (2014). Cross-Cultural Comparison of Nonverbal Cues In Emoticons on Twitter: Evidence From Big Data Analysis. *Journal of Communication*, 64(2), 333-354.

Parks, M. R. (2014). Big Data in Communication Research: Its Contents and Discontents. *Journal of Communication*, 64, 355-360.

Vargo, C. J., Guo, L, Mccombs, M., Shaw, D. L. (2014). Network Issue Agendas on Twitter During The 2012 U.S. Presidential Election. *Journal Of Communication*, 64(2), 296-316.

Vultee, F., &Vultee, D. M. (2011). What We Tweet About When We Tweet About Disasters: The Nature And Sources Of Microblog Comments During Emergencies. *International Journal of Mass Emergencies And Disasters*, 29(3), 221-242.

图书在版编目(CIP)数据

中国网络传播研究.数字媒介与经济 / 夏倩芳主编. --北京:中国传媒大学出版社,2020.11

ISBN 978-7-5657-2845-7

Ⅰ.①中… Ⅱ.①夏… Ⅲ.①网络传播-中国-文集 Ⅳ.①G206.2-53

中国版本图书馆 CIP 数据核字(2020)第 232064 号

中国网络传播研究:数字媒介与经济

ZHONGGUO WANGLUO CHUANBO YANJIU:SHUZI MEIJIE YU JINGJI

主　　编	夏倩芳		
责任编辑	蒋　霞		
特约编辑	刘　楠		
封面设计	宇宙尺度		
责任印制	李志鹏		
出版发行	中国传媒大学出版社		
社　　址	北京市朝阳区定福庄东街 1 号	邮　　编	100024
电　　话	86-10-65450528　65450532	传　　真	65779405
网　　址	http://cucp.cuc.edu.cn		
经　　销	全国新华书店		
印　　刷	北京玺诚印务有限公司		
开　　本	787mm×1092mm　1/16		
印　　张	10		
字　　数	176 千字		
版　　次	2020 年 11 月第 1 版		
印　　次	2020 年 11 月第 1 次印刷		
书　　号	ISBN 978-7-5657-2845-7/G·2845	定　　价	48.00 元

本社法律顾问:北京李伟斌律师事务所　郭建平